Khalil Gibran

# Der Garten der Liebe

Khalil Gibran

# Der Garten der Liebe

## Worte des Propheten

Herausgegeben und übersetzt
von Kim Landgraf

ANACONDA

MIX
Papier | Fördert gute Waldnutzung
FSC® C083411

Penguin Random House Verlagsgruppe FSC® N001967

Die Deutsche Nationalbibliothek verzeichnet diese Publikation in der Deutschen Nationalbibliografie; detaillierte bibliografische Daten sind im Internet unter http://dnb.d-nb.de abrufbar.


Umschlagmotive: istockphoto.com (Muster). – INTERFOTO / Mary Evans / Antiquarian Images (Blume)
Umschlaggestaltung: Druckfrei. Dagmar Herrmann, Bad Honnef
Satz und Layout: Fotosatz Amann, Memmingen
Druck und Bindung: CPI books GmbH, Leck
Printed in the EU
ISBN 978-3-7306-0177-8
www.anacondaverlag.de

Im Sonnenlicht wohnt der Atem des Lebens und die Hand des Lebens verbirgt sich im Wind.

DER PROPHET

Denn im Tau der kleinen Dinge findet das Herz seinen Morgen und ist erfrischt.

DER PROPHET

# INHALT

# DER GARTEN DER LIEBE

# VON DER LIEBE

Dann sagte Almitra: Sprecht zu uns von der Liebe.

Und er hob seinen Kopf und betrachtete die Menschen und sie wurden still. Und mit lauter Stimme sagte er:

Wenn die Liebe euch streift, so folgt ihr,

Auch wenn ihre Wege hart sind und steil.

Und wenn ihre Flügel euch umhüllen, so gebt ihnen nach,

Auch wenn das Schwert euch verwunden mag, das ihre Schwingen verbergen.

Und wenn sie zu euch spricht, so glaubt ihr,

Auch wenn ihre Stimme eure Träume zerrüttet, so wie der Nordwind euch den Garten verwüstet.

Denn wie die Liebe euch krönt, so kreuzigt sie euch.

Und wie sie euch wachsen lässt, so schneidet sie euch auch zurück.

Und wie sie an euch emporsteigt und eure zartesten Triebe zärtlich umkost, die in der Sonne erzittern,

Ebenso steigt sie zu euren Wurzeln hinab und rüttelt an ihrem Halt in der Erde.

Wie Korngarben lädt sie euch auf.

Drischt euch, um euch zu entblößen.

Siebt euch, um euch von Spelzen zu befreien.

Malt euch zu gänzlicher Weiße.

Knetet euch, bis ihr gefügig seid;

Und übergibt euch dann ihrem heiligen Feuer, damit ihr zu heiligem Brot für Gottes heiliges Mahl werdet.

All diese Dinge wird die Liebe euch antun, damit ihr die Geheimnisse eures Herzens erkennt und in dieser Erkenntnis euch verwandelt in einen Teil des einen Herzens des Lebens.

Doch solltet ihr in eurer Angst nur den Frieden der Liebe und die Freuden der Liebe erstreben,

Dann ist es besser für euch, eure Blöße zu bedecken und den Dreschplatz der Liebe zu verlassen

Und die gleichmütige Welt zu betreten, in der ihr lachen sollt, aber nicht all euer Lachen, weinen sollt, aber nicht all eure Tränen.

Die Liebe gibt nichts als sich selbst und nimmt nichts als von sich selbst.

Die Liebe besitzt nicht noch kann sie besessen werden.

Denn die Liebe ist nur sich selbst, der Liebe, genug.

Wenn ihr liebt, dann solltet ihr nicht sagen: »Ich trage Gott im Herzen«, sondern eher: »Ich bin im Herzen Gottes.«

Und glaubt nicht, dass ihr den Kurs der Liebe bestimmen könnt, denn die Liebe, wenn ihr es ihr wert seid, wird euren Kurs bestimmen.

Die Liebe leitet kein anderer Wunsch, als sich selbst zu erfüllen.

Wenn ihr aber liebt und nicht anders könnt, als zu wünschen, so seien dies eure Wünsche, euer Verlangen:

Dahinzuschmelzen und zu sein wie ein sprudelnder Bach, der seine Weise der Nacht entgegensingt.

Den Schmerz zu kennen von übergroßer Zärtlichkeit.

Verletzt zu sein von eurem eigenen Verstehen der Liebe.

Und willig und freudvoll zu bluten.

Zu erwachen am Morgen mit einem beflügelten Herzen und für einen weiteren Tag der Liebe zu danken. Um die Mittagszeit zu ruhen und die Ekstase der Liebe zu überdenken.

In der Abenddämmerung voller Dankbarkeit nach Hause zurückzukehren.

Und dann zu schlafen mit einem Gebet für die Lieben im Herzen und einem Lobgesang auf den Lippen.

Der Prophet

Ihr habt unter uns gelebt wie ein Geist und Euer Schatten war Licht auf unseren Gesichtern.

Wir haben Euch sehr geliebt. Doch unsere Liebe war sprachlos und mit Schleiern verhüllt.

Jetzt aber schreit sie Euch entgegen und will sich Euch unverhüllt offenbaren.

Und es war immer schon so, dass die Liebe ihre eigene Tiefe bis zur Stunde der Trennung nicht kennt.

Der Prophet

Liebt euch, doch macht keine Fesseln aus der Liebe:

Lasst sie ein wogendes Meer sein zwischen den Ufern eurer Seelen.

Füllt einander die Kelche, doch trinkt nicht aus einem.

Gebt einander von eurem Brot, doch esst nicht vom selben Laib.

Singt und tanzt miteinander und freut euch, aber lasst jeden von euch auch allein sein,

So wie die Saiten einer Laute allein sind, obwohl sie doch schwingen in ein und derselben Musik.

Gebt eure Herzen, doch nicht in die Obhut des andern.

Denn nur die Hand des Lebens vermag eure Herzen zu halten.

Und steht beieinander, doch nicht zu nah.

Denn die Säulen des Tempels stehen getrennt,

Und der Eichbaum und die Zypresse wachsen nicht einer im Schatten des anderen.

Der Prophet

Man hat euch ebenfalls gesagt, dass das Leben Dunkelheit sei, und in eurer Schwachheit gebt ihr wieder, was die Schwachen gesagt haben.

Ich aber sage euch, dass das Leben tatsächlich Dunkelheit ist, es sei denn, da ist Verlangen, und alles Verlangen ist blind, es sei denn, da ist Wissen, und alles Wissen ist eitel, es sei denn, da ist Arbeit, und alle Arbeit ist leer, es sei denn, da ist Liebe. Und wenn ihr mit Liebe arbeitet, bindet ihr euch an euch selbst und aneinander und an Gott.

Der Prophet

Arbeit ist sichtbare Liebe. Und wenn ihr mit Liebe nicht arbeiten könnt, sondern nur widerwillig, dann ist es besser, ihr lasst eure Arbeit und hockt am Eingang des Tempels und nehmt die Almosen derer, die mit Freude arbeiten. Denn wenn ihr mit Gleichgültigkeit Brot backt, dann backt ihr ein bitteres Brot, das nur den halben Hunger stillt. Und wenn ihr grollend die Trauben zertretet, dann träufelt euer Groll Gift in den Wein. Und wenn ihr auch singt wie die Engel, aber das Singen nicht liebt, dann verschließt ihr das Ohr des Menschen gegen die Stimmen des Tages und die Stimmen der Nacht.

DER PROPHET

Und ist nicht die Zeit wie die Liebe, ungeteilt und schrittelos?

DER PROPHET

Auf einem einsamen Berg lebten zwei Einsiedler, die Gott verehrten und einander liebten.

Diese beiden Einsiedler hatten eine irdene Schale, und das war ihr einziger Besitz.

Eines Tages schlich sich ein böser Geist in das Herz des älteren Einsiedlers, und er ging zu dem jüngeren und sagte: »Wir haben lange zusammengelebt. Die Zeit ist gekommen, dass wir uns trennen. Lass uns unsere Besitztümer teilen.«

Das machte den jüngeren Einsiedler traurig, und er sagte:

»Es betrübt mich, Bruder, dass du mich verlassen willst. Doch wenn du gehen musst, dann sei es«, und brachte die irdene Schale, gab sie ihm und sagte: »Wir können sie nicht teilen, Bruder, sie sei dein.«

Da sagte der ältere Einsiedler: »Ich lasse keine Almosen gelten. Ich nehme nur, was mir gehört. Es muss geteilt werden.«

Und der Jüngere sagte: »Wenn die Schale zerbrochen wird, welchen Nutzen hat sie dann noch für dich oder mich? Wenn dir damit gedient ist, dann lass uns lieber das Los ziehen.«

Aber der ältere Einsiedler sagte noch einmal: »Ich will allein Gerechtigkeit und nur, was mir gehört, und ich werde weder die Gerechtigkeit noch was mir gehört dem eitlen Zufall überlassen. Die Schale muss geteilt werden.«

Da wusste der jüngere Einsiedler nicht mehr, wie er ihn überzeugen sollte, und er sagte: »Wenn es tatsächlich dein Wunsch ist und wenn du es trotz allem so willst, dann lass uns die Schale jetzt zerbrechen.«

Doch das Gesicht des älteren Einsiedlers verfinsterte sich gewaltig, und er rief: »Oh, du verfluchter Feigling, du willst nicht einmal kämpfen.«

Der Narr

Einmal kam ein wunderschönes Mädchen vom Land auf den Jahrmarkt. Sie trug eine Lilie und eine Rose im Gesicht. In ihren Haaren leuchtete der Sonnenuntergang, und die Morgenfrühe lächelte auf ihren Lippen.

Kaum hatten sie die reizende Fremde erblickt, da gingen die jungen Männer ihr nach und umringten sie. Der eine wollte mit ihr tanzen und der nächste ihr zu Ehren einen Kuchen teilen. Und alle wollten ihre Wange küssen. Denn schließlich war Jahrmarkt, oder nicht?

Doch das Mädchen erschrak und war erschüttert, und sie dachte schlecht von den jungen Männern. Sie wies sie schroff zurück und schlug sogar ein paar von ihnen ins Gesicht. Dann lief sie davon.

Und am Abend auf dem Weg nach Hause sagte sie zu sich selbst: »Ich bin empört. Wie ungesittet diese Männer sind und wie schlecht erzogen. Es ist nicht zu ertragen.«

Ein Jahr verging, in dem das wunderschöne Mädchen viel an Männer und Jahrmärkte dachte. Dann ging sie wieder auf den Jahrmarkt mit der Lilie und der Rose im Gesicht, dem Sonnenuntergang im Haar und dem Lächeln der Morgenfrühe auf ihren Lippen.

Doch kaum hatten die jungen Männer sie gesehen, da wandten sie sich von ihr ab. Und den ganzen Tag lang ging keiner ihr nach, und sie war allein.

Und als sie gegen Abend auf dem Weg nach Hause war, weinte sie still in sich hinein: »Ich bin empört. Wie ungesittet diese Jungen sind und wie schlecht erzogen. Es ist nicht zu ertragen.«

DER WANDERER

Einst lebte in den grünen Hügeln ein Einsiedler. Er war von reinem Geist und weißem Herzen. Und alle Tiere der Erde und alle Vögel des Himmels kamen paarweise zu ihm, und der Einsiedler redete zu ihnen. Und sie hörten ihm dankbar zu und drängten sich um ihn und gingen erst bei Einbruch der Nacht, wenn er sie fortschickte und mit seinem Segen dem Wind und den Wäldern übergab.

Eines Abends sprach er von der Liebe, und eine Leopardin hob den Kopf und sagte zum Einsiedler: »Ihr sprecht zu uns von der Liebe. Doch sagt uns, Herr, wo ist Eure Frau?«

Und der Einsiedler sagte: »Ich habe keine Frau.«

Da ging ein Aufschrei des Erstaunens durch die Gesellschaft der Tiere und Vögel, und sie begannen, untereinander zu flüstern: »Wie kann er uns etwas von Liebe und Ehe erzählen, wenn er selbst davon nichts weiß?« Leise und verächtlich ließen sie ihn allein zurück.

In dieser Nacht lag der Einsiedler mit dem Gesicht zur Erde auf seiner Matte, und er weinte bitterlich und schlug sich mit den Händen vor die Brust.

Der Wanderer

Ein Mann und eine Frau saßen an einem Fenster, das auf den Frühling hinaussah. Sie saßen ganz dicht beieinander. Und die Frau sagte: »Ich liebe dich. Du bist hübsch, und du bist reich, und du bist immer gut gekleidet.«

Und der Mann sagte: »Ich liebe dich. Du bist ein schöner Gedanke, etwas, das viel zu erhaben ist, um es mit Händen zu greifen, und ein Lied in meinen Träumen.«

Doch die Frau wandte sich verärgert von ihm

ab und sagte: »Bitte lass mich jetzt allein, Herr. Ich bin kein Gedanke und auch kein Etwas, das durch deine Träume zieht. Ich bin eine Frau. Ich will, das du mich begehrst, mich, dein Weib und die Mutter deiner ungeborenen Kinder.«

Und so gingen sie auseinander.

Und der Mann sagte zu sich: »Sieh nur, nun hat sich soeben ein weiterer Traum in Nebel verwandelt.«

Und die Frau sagte: »Was ist das wohl für ein Mann, der mich in Nebel und Träume verwandelt?«

Der Wanderer

Einst sagte eine Frau zu einem Mann: »Ich liebe dich.« Und der Mann sagte: »Ich trage es in meinem Herzen, dass ich deiner Liebe wert bin.«

Und die Frau sagte: »Du liebst mich also nicht?« Der Mann schaute sie nur an und sagte nichts.

Da schrie die Frau laut auf: »Ich hasse dich.« Und der Mann sagte: »Dann trage ich auch das in meinem Herzen, dass ich deines Hasses wert bin.«

Der Wanderer

Eines Tages gingen zwei Männer, die sich auf der Straße getroffen hatten, zusammen nach Salamis, der Säulenstadt. Am Nachmittag kamen sie an einen breiten Fluss, fanden aber nirgends eine Brücke, um ihn zu überqueren. Sie mussten entweder schwimmen oder einen anderen Weg nehmen, den sie nicht kannten.

Da sagte der eine zum anderen: »Lass uns schwimmen. So breit ist der Fluss nun auch wieder nicht.« Also stürzten sie sich in die Fluten und schwammen.

Plötzlich aber wurde einer der Männer, der mit Flüssen und ihrer Art sehr vertraut war, mitten im Fluss immer schwächer, und der reißende Strom trug ihn langsam davon. Der andere hingegen, der nie zuvor geschwommen war, durchquerte den Fluss auf dem kürzesten Weg und stand kurz darauf am anderen Ufer. Da sah er, wie sein Gefährte noch immer mit dem Fluss rang, warf sich erneut in die Fluten und brachte ihn sicher an Land.

Und der Mann, den die Strömung mitgerissen hatte, sagte: »Aber du hast mir gesagt, dass du nicht schwimmen kannst. Wie also konntest du den Fluss mit solcher Sicherheit überqueren?«

Und der zweite Mann antwortete: »Mein Freund, siehst du diesen Gürtel, den ich trage? Er ist voller Goldmünzen, die ich während eines ganzen Jahres für meine Frau und meine Kinder verdient habe. Es ist das Gewicht dieses Goldgürtels, das mich über den Fluss getragen hat, zu meiner Frau und meinen Kindern. Und meine Frau und meine Kinder saßen auf meinen Schultern, während ich schwamm.«

Und gemeinsam gingen die beiden Männer weiter nach Salamis.

DER WANDERER

Es lebte einst ein reicher Mann, der hatte eine junge Frau, und diese Frau war stocktaub.

Und eines Morgens, als sie zu Tisch saßen, sprach sie ihn an und sagte: »Gestern war ich auf dem Markt, dort lagen seidene Kleider aus Damaskus und Mäntel aus Indien, Halsketten aus Persien und Armbänder aus Yamman. Es schien, als hätten die Karawanen diese Dinge gerade erst in unsere Stadt gebracht. Und jetzt sieh mich an, in Lumpen, aber die Frau eines reichen Mannes. Ich will ein paar von diesen schönen Dingen haben.«

Ihr Mann, der gerade noch seinen Kaffee trank, erwiderte: »Meine Liebe, nichts hält dich davon ab, hinunter auf die Straße zu gehen und dir alles zu kaufen, was dein Herz begehrt.«

Und die taube Frau sagte: »›Nein!‹ Du sagst immer nur: ›Nein.‹ Muss ich denn vor deinen Freunden unbedingt in Fetzen erscheinen und somit Schande über deinen Reichtum und mein Volk bringen?«

Und der Mann sagte: »Ich habe nicht ›Nein‹ gesagt. Niemand hindert dich daran, auf den Marktplatz zu gehen und die schönsten Gewänder und Schmuckstücke zu kaufen, die es in dieser Stadt gibt.«

Doch abermals missdeutete die Frau seine Worte und antwortete: »Von allen reichen Männern bist du der allergeizigste. Du würdest mir alles verweigern, was Schönheit und Liebreiz besitzt, während andere Frauen in meinem Alter in kostbaren Gewändern durch die Gärten dieser Stadt gehen.«

Und sie begann zu weinen. Und während ihr die Tränen auf die Brust fielen, rief sie noch einmal: »Immer sagst du ›Nein‹ zu mir, wenn ich ein Kleid oder Schmuckstück möchte.«

Da war der Mann gerührt, stand auf und nahm eine Handvoll Gold aus seinem Beutel, legte es vor sie hin und sagte mit freundlicher Stimme: »Geh hinunter auf den Marktplatz, meine Geliebte, und kaufe alles, was du willst.« Von diesem Tag an trat die junge Frau, wann immer sie einen Wunsch hatte, mit einer perlengleichen Träne im Auge vor ihren Mann, und schweigend nahm er eine Handvoll Gold und legte es ihr in den Schoß.

Dann aber geschah es, dass die junge Frau sich in einen Jüngling verliebte, dessen Gewohnheit es war, ausgedehnte Reisen zu unternehmen. Und wann immer er fort war, saß sie an ihrem Fenster und weinte.

Als ihr Mann sie weinen sah, dachte er still: »Da ist sicher wieder eine neue Karawane in der Stadt und auf den Straßen gibt es seidene Kleider und seltenen Schmuck.«

Und er nahm eine Handvoll Gold und legte es vor sie hin.

## Der Wanderer

Eines Abends trafen ein Mann und eine Frau in einer Postkutsche zusammen. Sie kannten sich.

Der Mann war ein Dichter, und während er neben ihr saß, versuchte er, sie mit Geschichten zu erheitern. Einige stammten von ihm selbst, andere nicht.

Doch während er sprach und erzählte, fielen der Dame die Augen zu. Da fing die Kutsche plötzlich an zu ruckeln, und sie erwachte und sagte: »Ich bewundere Ihre Auslegung der Geschichte von Jona und dem Wal.«

Und der Dichter antwortete: »Aber gnädige Frau, die Geschichte, die ich Ihnen gerade erzählt habe, stammt von mir, und sie handelt von einem Schmetterling und einer weißen Rose und wie sich gegeneinander verhielten!«

DER WANDERER

Die Wirklichkeit des anderen liegt nicht in dem, was er dir zeigt, sondern in dem, was er dir nicht zeigen kann.

Wenn du ihn also verstehen willst, dann höre nicht auf das, was er sagt, sondern auf das, was er nicht sagt.

*

Die Hälfte von dem, was ich sage, ist ohne Bedeutung. Aber ich sage es dennoch, auf dass die andere Hälfte dich erreichen möge.

*

Dann lass uns jetzt Verstecken spielen! Wenn du dich in meinem Herzen versteckst, sollte es nicht schwer sein, dich zu finden. Versteckst du dich aber hinter deinem eigenen Panzer, ist es für alle vergebens, dich zu suchen.

*

Sähe einen Samen und die Erde wird dir eine Blume schenken. Träume deinen Traum zum Himmel und er wird dir deinen Geliebten bringen.

*

Wenn die Hand eines Mannes die Hand einer Frau berührt, berühren sie beide das Herz der Ewigkeit.

*

Die Liebe ist der Schleier zwischen zweien, die sich lieben.

*

Jeder Mann liebt zwei Frauen. Die eine ist das Werk seiner Fantasie, die andere ist noch nicht geboren.

*

Männer, die Frauen ihre kleinen Fehler nicht verzeihen, werden an ihren großen Tugenden niemals Gefallen finden.

*

Liebe, die sich nicht jeden Tag erneuert, wird zur Gewohnheit und schließlich zur Sklaverei.

*

Liebende umarmen, was zwischen ihnen liegt, gar nicht so sehr einander.

*

Liebe und Zweifel haben sich noch nie sehr gemocht.

*

Liebe ist ein Lichtwort, von einer Hand aus Licht geschrieben auf ein Blatt aus Licht.

*

Wie soll mein Herz entsiegelt, ohne gebrochen zu werden?

*

Ich stand als klarer Spiegel vor dir, du schautest hinein und sahst dein Bild.

Dann sagtest du: »Ich liebe dich.«

Doch in Wahrheit liebtest du dich selbst in mir.

*

Wenn es dir gefällt, deinen Nachbarn zu lieben, hört es auf, eine Tugend zu sein.

*

Liebe, die nicht immer sprießt, wird immer sterben.

Sand und Schaum

Du erzählst mir, dass du die Liebe fürchtest. Aber warum, meine Kleine? Fürchtest du das Sonnenlicht? Fürchtest du Ebbe und Flut des Meeres? Fürchtest du den Tagesanbruch? Fürchtest du den Frühlingsbeginn? Ich frage mich, warum du dann die Liebe fürchtest … fürchte nicht die Liebe, fürchte die Liebe nicht, meine Herzensfreundin. Wir müssen uns der Liebe ergeben, auch wenn sie Schmerz und Einsamkeit und Sehnsucht bringen mag, und entgegen aller Bestürzung und Verworrenheit.

Brief an May Ziadeh

Ich liebe meine Kleine, aber ich weiß im Geiste nicht, warum. Ich will es im Geiste auch nicht wissen, es genügt, dass ich sie liebe.

Es genügt, dass ich sie liebe – in meiner Seele und meinem Herzen. Es genügt mir, meinen Kopf an ihre Schulter zu lehnen, wenn ich traurig bin, einsam oder verlassen, oder wenn ich glücklich bin, entzückt und von Staunen erfüllt.

Es genügt mir, an ihrer Seite auf den Gipfel des Berges zu steigen und ihr von Zeit zu Zeit zu sagen: »Du bist meine Begleiterin, du bist meine Begleiterin.«

Brief an May Ziadeh

Mary, am Sechsten dieses Monats habe ich jede Minute und jede Sekunde an dich gedacht und alles, was man zu mir sagte, übersetzte ich in die Sprache von Mary und Gibran – eine Sprache, die kein Bewohner dieser Erde verstehen kann außer Mary und Gibran … und natürlich weißt du, dass jeder Tag des Jahres für jeden von uns Geburtstag ist.

Von allen Völkern der Erde feiern die Amerikaner am liebsten Geburtstag und verschicken und empfangen am liebsten Geburtstagsgeschenke! Und aus Gründen, die ich nicht verstehe, überschütten mich die Amerikaner zu diesem Anlass mit ihrer Freundlichkeit. Am Sechsten dieses Monats war ich von ihrer überwältigenden Freundlichkeit fast peinlich berührt und von einem tiefen Gefühl der Dankbarkeit erfüllt. Aber Gott weiß, was du mir gesagt hast, war mir um so viel teurer und kostbarer als alles und jedes, was andere für mich tun können. Gott weiß das und dein Herz weiß es auch.

Nach den Feierlichkeiten saßen wir beieinander, du und ich, weit weg von den anderen, und unterhielten uns lange und sagten einander, was nicht gesagt werden kann, außer durch Sehnsucht, und sprachen, was unaussprechlich ist, außer durch Hoffnung. Dann schauten wir empor zu unserem fernen Stern und blieben stumm. Und dann setzten wir unser Gespräch bis zum Tagesanbruch fort und deine Hand lag auf meinem klopfenden Herzen, bis der Morgen kam.

Möge Gott ein Auge auf dich werfen und dich beschützen, Miriam, und möge er dich mit seinem Licht überhäufen. Möge Gott dich bewahren für den, der dich liebt.

Brief an May Ziadah

Wenn ich unglücklich bin, liebe Mary, lese ich deine Briefe. Wenn der Dunst das »Ich« in mir überkommt, nehme ich zwei, drei Briefe aus der kleinen Kiste und lese sie. Denn sie erinnern mich an mein wahres Selbst. Sie lassen mich über alles hinwegsehen, was im Leben nicht vornehm und schön ist. Jeder von uns, liebe Mary, muss irgendwo einen Ruhepunkt haben. Der Ruhepunkt meiner Seele ist ein bezauberndes Wäldchen, in dem mein Wissen um dich zuhause ist.

Im Augenblick ringe ich mit Farbe: Der Streit ist fürchterlich, denn einer von uns muss siegen! Und fast kann ich dich sagen hören: »Und was ist mit dem Zeichnen, Khalil?« Und Khalil ruft mit Gier in der Stimme: »Lass, oh lass meine Seele in Farben baden. Lass mich das Abendrot trinken und mich den Regenbogen schlürfen.«

Die Professoren an der Akademie sagen: »Mach das Modell nicht schöner als es ist«, und meine Seele flüstert: »Ach, wenn du das Modell nur so schön malen könntest, wie es wirklich ist!« Was soll ich jetzt tun, liebe Mary? Soll ich meiner Seele oder den Professoren gefallen? Die guten alten Männer wissen eine Menge, aber die Seele sitzt so viel näher.

Es ist recht spät und ich gehe zu Bett – mit vielen Gedanken im Herzen. Gute Nacht, liebe Mary. Gott segne dich immer.

Brief an Mary Haskell

Einst sprach ein schneeweißes Blatt Papier: »Rein wurde ich erschaffen und rein werde ich auf ewig bleiben. Lieber will ich verbrannt und zu weißer Asche werden, als zu ertragen, dass Dunkel mich berührt oder das Unreine sich mir nähert.«

Das Tintenfass hörte, was das Papier sagte, und

lachte tief in seinem dunklen Herzen. Aber es wagte nie, sich ihm zu nähern. Und auch die Buntstifte hörten das Blatt und gingen nie zu ihr.

Und das schneeweiße Blatt Papier blieb tatsächlich auf ewig rein – und unschuldig – und leer.

Der Vorbote

# VON DER FREUNDSCHAFT

Euer Freund ist die Antwort auf eure Bedürfnisse. Er ist euer Feld, das ihr mit Liebe sät und mit Dankbarkeit erntet. Und er ist eure Speise und euer Herd.

Denn ihr geht zu ihm mit eurem Hunger und sucht ihn auf, wenn euch nach Frieden verlangt. Wenn euer Freund sich euch öffnet, fürchtet ihr weder das Nein in euch selbst noch haltet ihr das Ja zurück. Und wenn er schweigt, hört euer Herz nicht auf, seinem Herzen zu lauschen; denn wo Freundschaft ist, werden alle Gedanken, alle Wünsche, alle Erwartungen ohne Worte geboren und geteilt, mit Freude, die den Beifall nicht sucht. Wenn ihr Abschied nehmt von eurem Freund, dann trauert ihr nicht; denn was ihr am meisten an ihm liebt, kann in seiner Abwesenheit klarer hervortreten, so wie der Berg von der Ebene aus dem Bergsteiger klarer erscheint. Und lasst es nicht zu, dass die Freundschaft einem Zweck dient, es sei denn der Vertiefung des Geistes. Denn

Liebe, die bestrebt ist, etwas anderes als das eigene Mysterium zu enthüllen, ist keine Liebe, sondern ein ausgeworfenes Netz, das nur das Nutzlose fängt.

Und bewahrt euer Bestes stets für euren Freund. Wenn er die Ebbe eurer Gezeiten kennen soll, dann lasst ihn auch teilhaben an eurer Flut. Denn was ist der Freund für euch, dass ihr ihn aufsucht, um euch die Zeit zu vertreiben?

Sucht ihn immer nur auf, um die Zeit mit ihm zu durchleben.

Denn es ist seine Aufgabe, eure Bedürfnisse zu befriedigen, nicht aber eure Leere zu füllen. Und lasst die Süße der Freundschaft mit Lachen erfüllt sein und mit geteilten Freuden.

Denn im Tau der kleinen Dinge findet das Herz seinen Morgen und ist erfrischt.

DER PROPHET

Mein Freund, ich bin nicht, was ich scheine. Der Schein ist nur ein Kleid, das ich trage, ein Kleid aus Sorge gewoben, das mich vor deinen Fragen schützt und dich vor meiner Nachlässigkeit.

Das »Ich« in mir, mein Freund, wohnt im Haus der Stille und wird ewig darin verweilen, unerkannt, unnahbar.

Ich will nicht, dass du glaubst, was ich sage, noch dem vertraust, was ich tue, denn meine Worte sind nichts als deine Gedanken, in Sprache verwandelt, und meine Taten sind deine Hoffnung, verwandelt in Tun.

Wenn du sagst, »Der Wind bläst nach Osten«, dann sage ich, »Ja, er bläst nach Osten«, denn ich will nicht, dass du weißt, dass meine Gedanken nicht beim Wind, sondern beim Meer sind.

Du kannst mein Seefahrersehnen nicht verstehen, und ich will nicht, dass du verstehst. Ich will auf dem Meer allein sein.

Wenn für dich Tag ist, mein Freund, dann ist es Nacht bei mir. Aber selbst dann noch spreche ich vom Mittag, der auf den Hügeln tanzt, und vom purpurnen Schatten, der sich verstohlen durchs Tal schleicht. Denn du kannst die Lieder meiner Dunkelheit nicht hören und nicht sehen, wie meine Schwingen die Sterne berühren. Und ich möchte auch nicht, dass du hörst oder siehst. Ich will mit der Nacht allein sein.

Wenn du in deinen Himmel emporsteigst, fahre ich zu meiner Hölle hinab. Aber selbst dann noch rufst du mir über den unüberbrückbaren Abgrund hin zu, »Mein Gefährte, mein Begleiter«, und ich rufe zu dir zurück, »Mein Begleiter, mein Gefährte«, denn ich will nicht, dass du meine

Hölle siehst. Die Flamme würde dein Augenlicht auslöschen, der Rauch deine Nase verschließen. Ich liebe meine Hölle zu sehr, als dass ich wollte, dass du sie besuchst. Ich will in der Hölle allein sein.

Du liebst die Wahrheit, die Schönheit, die Rechtschaffenheit, und um deinetwillen sage ich, es ist gut und schicklich, diese Dinge zu lieben. Doch in meinem Herzen lache ich über deine Liebe. Aber ich will nicht, dass du mein Lachen siehst. Ich will alleine lachen.

Mein Freund, du bist gut und achtsam und weise, nein, du bist vollkommen. Und auch ich spreche weise und achtsam mit dir. Und doch bin ich ein Narr. Aber ich verberge meine Narrheit. Ich will alleine Narr sein.

Mein Freund, du bist nicht mein Freund, was aber soll ich tun, dass du verstehst? Mein Weg ist nicht dein Weg, aber gemeinsam gehen wir dennoch, Hand in Hand.

DER NARR

Freundschaft ist immer eine süße Verantwortung, nie eine gute Gelegenheit.

*

Wenn du deinen Freund in jeder Situation verstehst, wirst du ihn niemals verstehen.

*

Dein strahlendstes Kleid ist das, was der andere für dich gewebt hat. Dein wohlschmeckendstes Essen ist das, was du am Tisch des anderen isst. Dein behaglichstes Bett steht in des anderen Haus. Und jetzt sage mir, wie kannst du dich von diesem anderen lösen?

*

Wenn der andere dich auslacht, darf er dir leidtun. Lachst hingegen du ihn aus, wirst du es dir nie verzeihen.

Wenn der andere dich verletzt, darfst du die Verletzung vergessen. Verletzt hingegen du den andern, wirst du dich immer daran erinnern.

Denn in Wahrheit ist der andere dein empfindsamstes Selbst, das in einem zweiten Körper lebt.

*

Manchmal ist eine Meinungsverschiedenheit der kürzeste Weg zwischen zwei Gemütern.

*

Wer deine Freuden mit dir teilt, aber deine Schmerzen nicht, wird den Schlüssel zu einem der sieben Tore des Paradieses verlieren.

SAND UND SCHAUM

Meine liebe Miss May, seit ich zuletzt an Sie schrieb, sind Sie mir nicht mehr aus dem Kopf gegangen. Ich habe lange Stunden damit verbracht, an Sie zu denken und mit Ihnen zu sprechen, bemüht, Ihre Geheimnisse zu entdecken und Ihre Rätsel zu entschlüsseln. Dennoch überrascht es mich noch immer, dass ich die Gegenwart Ihres ätherischen Selbsts in meinem Zimmer gespürt haben soll, wie es meine Bewegungen verfolgt, mit mir spricht und argumentiert, Meinungen äußert über das, was ich tue.

Natürlich werden Sie überrascht sein, mich so reden zu hören. Ich selbst finde es seltsam, dass ich dieses Bedürfnis, ja diese Notwendigkeit, Ihnen zu schreiben, empfinde. Ich wünschte, es wäre mir möglich, das verborgene Geheimnis hinter dieser Notwendigkeit, dieses dringenden Bedürfnisses zu verstehen.

Sie haben einmal gesagt, es gebe stets eine dialektische Bewegung zwischen Geist und Geist, ein Wechselspiel der Gedanken, jenseits der sinnlichen

Wahrnehmung. Und dass keiner dieses Wechselspiel und diese Dialektik je gänzlich aus den Köpfen und Gedanken jener löschen könne, die aus demselben Geburtsland stammen.

In dieser wunderschönen Passage verbirgt sich eine fundamentale Wahrheit, die sich mir einst durch eine Art geistigen Mitgefühls offenbarte und mir jetzt aus persönlicher Erfahrung klar geworden ist. Ich bin unlängst eine Bindung eingegangen, rein und zerbrechlich und doch beständig, fremd und in ihrem Wesen und ihren Merkmalen anders als alle anderen Bindungen, eine Bindung, die sich mit natürlichen familiären Bindungen nicht vergleichen lässt, eine Bindung, die dauerhafter, enger, unerschütterlicher ist als selbst moralische Bindungen.

Nicht ein einziger jener Fäden, aus denen diese Bindung besteht, wurde von jenen Tagen und Nächten gewebt, die der Zeit ein Maß geben und die Entfernung zwischen Wiege und Grab überbrücken. Nicht ein einziger dieser Fäden wurde von vergangenen Interessen oder zukünftigem Trachten gewebt – denn diese Bindung besteht zwischen zwei Menschen, die weder von der Vergangenheit noch von der Gegenwart zusammengebracht wurden und die wahrscheinlich auch die Zukunft nicht vereinen wird.

In einer solchen Bindung, May, in einem so persönlichen Gefühl, in einem so geheimen Verstehen gibt es Träume, die exotischer und unergründlicher sind als alles, was in der Brust des Menschen wogt. Träume in Träumen in Träumen.

Solch ein Verstehen, May, ist ein tiefer, wortloser Gesang, den man im Schweigen der Nacht nur vernimmt. Es befördert uns über die Reiche des Tages hinaus, über die Reiche der Nacht und über Zeit und Ewigkeit hinaus.

Solch ein Gefühl, May, ist durchsetzt von stechenden Schmerzen, die uns nie wieder loslassen, aber die uns teuer sind und die wir für keine Verzückung, keine Freude, wahrhaft oder vorgestellt, eintauschen würden, selbst wenn wir Gelegenheit hätten.

Was ich gerade gesagt habe, ist ein Versuch, Ihnen mitzuteilen, was niemand Ihnen mitteilen kann außer jener einen Person, die an allem teilhat, was in Ihnen ist. Sollte ich damit ein Geheimnis enthüllt haben, das Ihnen selbst nicht unbekannt ist, dann bin ich einer von jenen, denen das Leben seine Gaben gewährt und gestattet hat, vor dem Weißen Thron zu stehen. Wenn ich aber nur enthüllt habe, was mir selbst besonders und allein in mir ist, dann lassen Sie das Feuer diesen Brief verzehren.

Ich flehe Sie an, mir zu schreiben, meine Freundin. Und ich flehe Sie an, mir zu schreiben in jenem freien, losgelösten, beflügelten Geist, der weit über der Denkungsart der Menschen dahingleitet. Sie und ich wissen viel über die Menschen, über die Interessen, die sie zusammenführen, und die Umstände, die sie auseinandertreiben.

Sollten wir uns nicht für eine Weile von jenen ausgetretenen Pfaden zurückziehen und innehalten für eine Weile, um in die Reiche zu blicken, die jenseits der Nacht liegen, jenseits des Tages und jenseits der Zeit, der Ewigkeit?

Möge Gott Sie bewahren, May, und möge er Sie immer beschützen.

Brief an May Ziadah

# VON DER SEHNSUCHT

Wird der Tag des Abschieds ein Tag der Zusammenkunft sein? Und soll es sein, dass mein Abend in Wahrheit meine Morgenröte war?

DER PROPHET

Euer Schiff ist jetzt da und Ihr müsst gehen. Tief ist die Sehnsucht nach dem Land Eurer Erinnerung und nach dem Ort Eures höheren Verlangens. Und unsere Liebe soll Euch nicht binden und unsere Bedürfnisse Euch nicht halten.

DER PROPHET

Eure Vernunft und eure Leidenschaft sind Ruder und Segel eurer das Meer befahrenden Seele. Wenn eure Segel reißen oder das Ruder zerbricht, werdet ihr auf und nieder geworfen, treibt ziellos umher oder kommt mitten auf dem Ozean zum Stillstand. Denn die Vernunft, herrscht sie allein, ist eine beschränkende Kraft. Und die Leidenschaft, unbeaufsichtigt, ist eine Flamme, die bis zur eigenen Vernichtung brennt. Deshalb lasst eure Seele eure Vernunft bis zur Höhe der Leidenschaft emporheben, damit sie zu singen beginnt; und lasst sie eure Leidenschaft mit Vernunft lenken, damit eure Leidenschaft täglich ihr eigenes Wiedererwachen durchlebt und wie der Vogel Phoenix aus der eigenen Asche emporsteigt.

Euren Verstand und euer Verlangen sollt ihr betrachten wie zwei geliebte Gäste in eurem Haus.

Der Prophet

Das Selbst ist ein Meer ohne Grenzen und Maß. Sagt nicht: »Ich habe die Wahrheit gefunden«, sagt besser: »Ich habe eine Wahrheit gefunden.« Sagt nicht: »Ich habe den Pfad der Seele entdeckt«, sagt besser: »Mir ist die Seele auf meinem Pfad begegnet.« Denn die Seele geht auf allen Pfaden. Die Seele geht weder einen geraden Weg noch wächst sie wie ein Schilfrohr.

Die Seele entfaltet sich wie eine Lotusblüte mit ihren zahllosen Blättern.

Der Prophet

Wenn ihr euch Freude versagt, so tut ihr oftmals nichts anderes, als das Verlangen tief in eurem Sein zu verstecken. Wer weiß, ob nicht das, was ihr heute versäumt, morgen schon auf euch wartet? Sogar euer Körper kennt sein Erbe und was ihm rechtmäßig zusteht und er lässt sich nicht täuschen. Und euer Körper ist die Harfe eurer Seele. Und es liegt an euch, ob ihr der Harfe süße Musik oder wirres Getöne entlockt.

DER PROPHET

Als ich einst im Herzen eines Granatapfels lebte, hörte ich einen der Kerne sagen: »Eines Tages wird aus mir ein Baum, und der Wind wird in meinen Zweigen singen, und die Sonne wird auf meinen Blättern tanzen, und ich werde stark und schön sein, durch alle Jahreszeiten hindurch.«

Dann sprach ein anderer Kern und sagte: »Als ich so jung war wie du, habe ich auch so gedacht. Doch nun, wo ich alles ermessen und die Dinge abwägen kann, sehe ich, dass meine Hoffnungen leer waren.«

Und auch ein dritter Kern sprach: »Ich kann nichts in uns entdecken, das so eine große Zukunft verspricht.«

Und ein vierter sagte: »Doch was wäre unser Leben für ein Hohn ohne eine größere Zukunft!«

Und ein fünfter sagte: »Warum darüber streiten, was wir sein werden, wenn wir nicht einmal wissen, was wir sind.«

Aber ein sechster antwortete: »Was immer wir sind, wir werden es weiterhin sein.«

Und ein siebenter sagte: »Ich habe solch eine klare Vorstellung davon, wie alles sein wird, aber ich kann sie nicht in Worte fassen.«

Dann sprachen ein achter, ein neunter, ein zehnter und dann viele, bis sie alle durcheinander sprachen und ich ob der vielen Stimmen nichts mehr verstand.

Also begab ich mich an eben diesem Tag in das Herz einer Quitte, wo es nur wenige, fast stumme Kerne gibt.

Der Narr

Hier sitze ich zwischen meinem Bruder, dem Berg, und meiner Schwester, der See.

Wir drei sind eins in Einsamkeit, und die Liebe, die uns verbindet, ist tief und stark und fremd. Nein, sie ist tiefer als die Tiefe meiner Schwester und stärker als die Stärke meines Bruders und fremder als die Fremdheit meiner Narrheit.

Äonen um Äonen sind vergangen, seit das erste Morgengrauen uns einander gezeigt hat, und obwohl wir Geburt und Fülle und Tod vieler Welten sahen, sind wir noch immer begierig und jung.

Wir sind jung und begierig, und doch sind wir ohne Liebhaber, niemand hat uns besucht. Und obwohl wir uns in ungebrochen halber Umarmung befinden, sind wir ungetröstet. Und welchen Trost kann es geben für gezähmtes Verlangen und ungelebte Leidenschaft? Woher kommt der flammende Gott, um das Bett meiner Schwester zu wärmen? Und welche Sturzflut löscht das Feuer meines Bruders? Und wer ist die Frau, die meinem Herzen befiehlt?

In der Stille der Nacht murmelt meine Schwester im Schlaf den unbekannten Namen jenes Feuergottes, und mein Bruder ruft in die Ferne nach jener kühlen, abgewandten Göttin. Nach wem aber rufe ich in meinem Schlaf? Ich weiß es nicht.

Hier sitze ich zwischen meinem Bruder, dem Berg, und meiner Schwester, der See. Wir drei sind eins in Einsamkeit, und die Liebe, die uns verbindet, ist tief und stark und fremd.

Der Narr

Eines Tages schauten drei Männer aus der Ferne auf ein weißes Haus, das einsam auf einem grünen Hügel stand. Einer von ihnen sagte: »Das ist das Haus der Lady Ruth. Sie ist eine alte Hexe.«

Der zweite Mann sagte: »Du täuschst dich. Lady Ruth ist eine wunderschöne Frau, die dort ganz in ihren Träumen lebt.«

Der dritte Mann sagte: »Ihr täuscht euch beide. Lady Ruth ist die Pächterin dieser riesigen Ländereien, und sie saugt ihren Leibeigenen das Blut aus.«

Und so gingen sie weiter und sprachen über Lady Ruth. Dann kamen sie an eine Kreuzung und trafen einen alten Mann, und einer von ihnen fragte ihn: »Würden Sie uns von Lady Ruth erzählen, die in dem weißen Haus dort auf dem Hügel wohnt?«

Und der alte Mann hob den Kopf und lächelte sie an und sagte: »Ich bin neunzig Jahre alt, und ich erinnere mich an Lady Ruth, da war ich noch ein Junge. Lady Ruth aber starb vor achtzig Jahren, und das Haus steht seitdem leer. Manchmal schreien die Eulen darin, und die Leute sagen, dass es dort spukt.«

Der Wanderer

Einmal umschloss ich mit den Händen eine Handvoll Dunst.

Dann öffnete ich sie und siehe, der Dunst war ein Wurm.

Dann schloss und öffnete ich die Hand erneut und siehe da, ein Vogel.

Und noch einmal schloss und öffnete ich die Hand und in der Mulde stand ein Mensch mit traurigem Gesicht, das nach oben gerichtet war.

Und wieder schloss ich meine Hand und als ich sie öffnete, war dort nichts als Dunst.

Aber ich hörte ein Lied von berauschender Süße.

*

Das Paradies ist da, dort hinter dieser Tür, im nächsten Raum. Aber ich habe den Schlüssel verloren.

Oder vielleicht auch nur verlegt.

*

Jeder Samen ist eine Sehnsucht.

*

Ich will mit den Menschen gehen, die in Bewegung sind. Ich will nicht stehen bleiben, um zuzusehen, wie sie an mir vorüberziehen.

*

Es gibt keine Sehnsucht, die unerfüllt bleibt.

*

Wenn dein Herz ein Vulkan ist, wie kannst du dann erwarten, dass in deinen Händen Blumen erblühen?

*

Lieber bin ich der Geringste unter den Menschen und habe Träume und die Sehnsucht, sie zu erfüllen, als der Größte unter ihnen ohne Träume oder Sehnsucht.

*

Der bemitleidenswerteste Mensch ist der, der seine Träume in Silber und Gold verwandelt.

*

Es wird am längsten leben, wer am meisten Sehnsucht verspürt.

*

Die Leute sagen zu mir: »Ein Vogel in der Hand ist so viel wert wie zehn im Busch.« Ich aber sage: »Ein Vogel und eine Feder im Busch sind mehr wert als zehn Vögel in der Hand.«

Denn deine Suche nach dieser Feder ist ein

Leben auf beschwingten Füßen. Nein, es ist das Leben selbst.

*

Ja, es gibt ein Nirwana. Es ist, wenn du deine Schafe auf eine grüne Weide führst, wenn du dein Kind schlafen legst und wenn du den letzten Vers deines Gedichtes schreibst.

*

Sehnsucht ist das halbe Leben. Gleichgültigkeit der halbe Tod.

*

Wenn du deinen höchsten Punkt erreichst, sollst du Sehnsucht haben. Aber nur nach Sehnsucht. Und du sollst hungern nach Hunger. Und du sollst dürsten nach größerem Durst.

*

Wenn du dem Wind von deinen Geheimnissen erzählst, darfst du es dem Wind nicht verübeln, wenn er sie den Bäumen erzählt.

*

Frühlingsblumen sind Winterträume, die am Frühstückstisch der Engel erzählt werden.

*

Was wir ersehnen und nicht erlangen können, ist uns teurer als das, was wir schon haben.

Sand und Schaum

Wir haben den Gipfel erreicht und unter uns liegen die Ebenen, Wälder und Täler, also lass uns eine Weile ruhen und ein wenig miteinander sprechen. Wir können hier nicht allzu lange bleiben, denn in der Ferne sehe ich einen höheren Gipfel, den wir vor Sonnenuntergang erreichen müssen, aber wir werden diesen Ort nicht verlassen, bis du glücklich bist, und wir werden nicht einen Schritt weitergehen, bis du deinen Seelenfrieden findest.

Brief an May Ziadah

Seltsam, dass wir die Wunder dieser Erde und des Weltalls akzeptieren, gleichzeitig aber dazu neigen, die Wunder, die unsere Seele hervorbringt, für unwahr zu halten.

Brief an May Ziadah

Dieser Brief hat tausend Knoten im Tau meines Lebens gelöst und die Wüste des »Wartens« in Gärten und Obstwiesen verwandelt – denn »Warten« ist das unauslöschliche Ätzen der Zeit, May, und ich befinde mich fortwährend in einem Zustand des »Wartens«. Manchmal scheint mir, als verbrächte ich mein Leben in Erwartung dessen, was noch nicht geschehen ist – wie die Blinden und die Gebrechlichen, die am Teich von Bethesda in Jerusalem liegen: »Denn ein Engel fuhr herab zu seiner Zeit in den Teich und bewegte das Wasser. Welcher nun zuerst, nachdem das Wasser bewegt war, hineinstieg, der ward gesund, mit welcherlei Seuche er behaftet war.« Aber wie dem auch sei, jetzt, da mein eigener Engel das Wasser im Teich bewegt hat und ich jemanden gefunden habe, der mich in dieses Wasser wirft, gehe ich an diesem verzauberten, Ehrfurcht gebietenden Ort auf und ab und meine Augen strahlen vor Licht und meine Füße sind gestärkt vor lauter Entschlossenheit. Ich gehe Seite an Seite mit einem Schatten, schöner und sonniger als die Wirklichkeit der Menschen. Ich halte eine Hand, die seidensanft ist und doch stark und mit eigenem Willen. Eine Hand mit weichen Fingern, die schwere Gewichte heben und starke Ketten zerbrechen können. Und von Zeit zu Zeit drehe ich meinen

Kopf und sehe ein Paar glänzende Augen und Lippen, berührt von einem Lächeln, das mit seiner Süße Wunden schlägt.

Ich habe dir einmal erzählt, dass mein Leben in zwei Leben zerteilt ist und dass ich das eine mit Arbeit und dem Zusammensein mit anderen Menschen verbringe und das andere im Dunst. Doch das war gestern, denn jetzt ist mein Leben zu einem geworden und ich arbeite im Dunst, treffe Menschen im Dunst, schlafe, träume und erwache im Dunst. Es ist wahrhaftig ein Rausch umgeben von schlagenden Flügeln, denn in diesem Rauschzustand ist Einsamkeit *nicht* Einsamkeit und der Schmerz der Sehnsucht nach dem Unbekannten ist wohltuender als alles, was ich bisher kannte. Es ist eine göttliche Ekstase, May – eine göttliche Ekstase, die das Entfernte nahe bringt, die das Verborgene enthüllt und alle Dinge erleuchtet. Mir wird klar, dass das Leben ohne diesen spirituellen Rausch nur die Spreu ist ohne den Weizen, und ich erkläre mit Nachdruck, dass alles, was wir sagen, tun oder denken, wertlos ist, sobald wir es vergleichen mit einer einzigen Minute, die wir im Dunst verbringen.

BRIEF AN MAY ZIADAH

# VON SCHMERZEN UND FREUDE

Lang waren die Tage des Schmerzes, die ich innerhalb dieser Mauern verbracht habe, und lang waren die Nächte der Einsamkeit. Und wer kann seinen Schmerz und seine Einsamkeit ohne Bedauern hinter sich lassen?

DER PROPHET

Eure Freude ist euer entschleiertes Leid. Und eben der Brunnen, aus dem euer Lachen emporsteigt, war oft auch gefüllt mit euren Tränen.

Und wie kann es anders sein? Je tiefer das Leid sich in euer Leben gräbt, desto mehr Freude könnt ihr in euch aufnehmen. Ist nicht der Krug, der euren Wein trägt, eben der Krug, der im Ofen des Töpfers gebrannt wurde? Und ist nicht die Laute, die eure Sinne beschwichtigt, aus eben dem Holz, das mit Messern gehöhlt wurde? Wenn ihr fröhlich seid, schaut tief in euer Herz und ihr werdet erkennen, dass nur, was euch Leid gab, Freude euch schenkt. Wenn ihr traurig seid, schaut abermals tief in euer Herz und ihr werdet sehen, dass ihr in Wahrheit um das weint, was eure Freude einst war.

Manche von euch sagen: »Freude ist größer als Leid«, und andere sagen: »Nein, Leid ist das größere.« Ich aber sage euch, sie sind untrennbar. Sie kommen gemeinsam, und wenn das eine allein mit euch am Tisch sitzt, vergesst nicht, dass das andere in eurem Bett schläft.

Wahrlich, es ist so, ihr schwingt wie zwei Waagschalen zwischen eurem Leid und eurer Freude. Nur wenn ihr leer seid, seid ihr in Ruhe und Ausgleich. Wenn der Schatzmeister euch anhebt, um sein Gold und sein Silber zu wiegen, dann muss gewiss eure Freude oder euer Leid hier steigen oder dort fallen.

Der Prophet

Euer Schmerz ist das Aufbrechen der Schale, die euer Verstehen umgibt.

So wie der Kern einer Frucht erst aufbrechen muss, um sein Herz der Sonne zu zeigen, so müsst auch ihr den Schmerz kennen. Und könntet ihr eurem Herzen das Staunen bewahren über die täglichen Wunder eures Lebens, dann erschiene euch auch euer Schmerz nicht weniger wunderbar als eure Freude; und ihr würdet die wechselnden Zeiten eures Herzens erdulden, so wie ihr immer schon die Jahreszeiten ertrugt, die über eure Felder hinweggehen. Und ihr würdet die Winter eures Kummers mit Gelassenheit überstehen.

Ein Großteil eures Schmerzes ist selbst gewählt.

Es ist der bittere Trank, mit dem der Arzt in euch das kranke Selbst kuriert. Deshalb vertraut dem Arzt und trinkt seinen Heiltrank in Ruhe und Frieden: Denn seine Hand, wenn auch bleiern und hart, wird geführt von der zärtlichen Hand des unsichtbaren Gottes, und der Krug, den er bringt, auch wenn er eure Lippen verbrennt, ist geformt aus dem Lehm, den der Töpfer selbst mit Seinen heiligen Tränen befeuchtet hat.

DER PROPHET

Als mein Kummer geboren wurde, zog ich ihn fürsorglich auf und gab mit liebender Zärtlichkeit auf ihn Acht.

Und mein Kummer wuchs, wie alles Lebendige wächst; stark und schön und voller wunderbarer Freuden.

Und wir liebten einander, mein Kummer und ich, und wir liebten die Welt um uns herum. Denn mein Kummer hatte ein gütiges Herz, und meines war gütig mit ihm.

Und wenn wir uns unterhielten, mein Kummer und ich, bekamen unsere Tage Flügel, und unsere Nächte waren umflochten von Träumen. Denn mein Kummer besaß eine beredsame Zunge, und meine war beredsam mit ihm.

Und wenn wir gemeinsam sangen, mein Kummer und ich, saßen unsere Nachbarn am Fenster und lauschten. Denn unsere Lieder waren tief wie das Meer, und unsere Weisen voll von fremden Erinnerungen.

Und wenn wir gemeinsam spazieren gingen, mein Kummer und ich, sahen uns die Leute mit lieben Augen an und flüsterten in Worten von äußerster Süße. Und es gab solche, die uns neidvoll beäugten, denn mein Kummer war ein erhabenes Ding, und ich war stolz auf ihn.

Doch mein Kummer starb, wie alles Lebendige stirbt, und ich blieb einsam zurück, um zu grübeln und zu sinnen.

Und wenn ich jetzt spreche, schlagen meine Worte mir schwer ans Ohr.

Und wenn ich meine Lieder singe, kommen die Nachbarn nicht, um zu lauschen.

Und wenn ich die Straße entlanggehe, schaut mich keiner mehr an.

Nur noch im Schlaf höre ich Stimmen, die mitleidvoll sagen: »Schau her, dort liegt der Mann, dessen Kummer verstarb.«

DER NARR

Und als meine Freude geboren wurde, hielt ich sie in den Armen, stand auf dem Dach meines Hauses und rief: »Kommt, meine Nachbarn, kommt und schaut her. Denn heute ist mir die Freude geboren. Kommt und seht dieses heitere Etwas, das in der Sonne lacht.«

Doch keiner meiner Nachbarn kam, um meine Freude zu sehen, und mein Erstaunen war groß.

Sieben Monate lang verkündete ich jeden Tag vom Dach meines Hauses meine Freude – und doch schenkte mir niemand Beachtung.

Ich blieb mit meiner Freude allein, unbegehrt und unbesucht.

Dann wurde meine Freude blass und müde, weil kein anderes Herz als meines ihren Liebreiz gewahrte und keine anderen Lippen sie küssten als meine.

Dann starb meine Freude, weil sie allein war.

Und nun gedenke ich meiner toten Freude nur, wenn ich meines toten Kummers gedenke. Doch die Erinnerung ist ein Herbstblatt, das eine Weile im Wind leise rauscht und dann nie wieder gehört wird.

Der Narr

Eines Tages sagte eine Auster zu einer zweiten Auster neben ihr: »Ich trage einen großen Schmerz in mir. Er ist schwer und rund, und ich bin in Not.«

Und die andere Auster antwortete selbstgefällig und überheblich: »Dem Himmel und dem Meer sei Dank, ich trage keinen Schmerz in mir. Ich bin wohlauf und unversehrt, von innen wie von außen.«

Im selben Moment kam eine Krabbe vorbei, hörte die beiden Austern und sagte zu der, die von innen wie von außen wohlauf und unversehrt war: »Ja, du bist wohlauf und unversehrt. Aber der Schmerz, den deine Nachbarin erduldet, ist eine Perle von berauschender Schönheit.«

Der Wanderer

An einem Tag im Mai trafen sich am Ufer eines Sees die Freude und das Leid. Sie begrüßten sich und setzten sich nahe am ruhigen Wasser nieder und sprachen.

Die Freude sprach von der Schönheit, die auf dieser Erde weilt, und über die täglichen Wunder des Lebens im Wald und in den Bergen und über die Lieder, die beim Aufgang der Sonne und in den Abendstunden zu hören sind.

Dann sprach auch das Leid und stimmte allem zu, was die Freude gesagt hatte, denn das Leid wusste von der Magie dieser Zeit und ihrer Schönheit. Und das Leid sprach sehr beredt vom Mai in den Feldern und in den Bergen.

Und die Freude und das Leid redeten lange miteinander, und über alle Dinge, von denen sie wussten, waren sie einer Meinung.

Da schlichen auf der anderen Seite des Sees zwei Jäger vorüber. Und als sie über den See sahen, sagte der eine von ihnen: »Ich möchte zu gerne wissen, wer die zwei Gestalten dort sind.«

Und der andere sagte: »Hast du zwei gesagt? Ich sehe nur eine.«

Da sagte der erste Jäger: »Es sind aber zwei.« Und der zweite erwiderte: »Ich kann nur eine erkennen, da ist auch nur ein Spiegelbild im Wasser.«

»Nein, da sind zwei«, sagte der erste Jäger, »und auf dem glatten Wasser dort spiegeln sich zwei Gestalten.«

Doch der zweite Mann sagte noch einmal: »Ich

sehe wirklich nur eine.« Und wieder sagte der andere: »Aber ich sehe eindeutig zwei.«

Und bis auf den heutigen Tag behauptet der eine Jäger, dass der andere doppelt sehe, während der andere sagt: »Mein Freund ist etwas blind.«

DER WANDERER

Eine Perle ist ein Tempel, den der Schmerz um ein Sandkorn errichtet.

Welches Verlangen hat unsere Körper um welche Körner erschaffen?

*

Beneiden nicht die Geister, die im Äther wohnen, den Menschen um seinen Schmerz?

*

Nur über den Pfad der Nacht erreichen wir den Tagesanbruch.

*

Seltsam ... das Verlangen nach gewissen Freuden ist ein Teil meines Schmerzes.

*

Vor tausend Jahren sagte mein Nachbar zu mir: »Ich hasse das Leben, denn es ist nur Schmerz.«

Gestern ging ich an einem Friedhof vorüber und sah auf seinem Grab das Leben tanzen.

*

Wir suchen uns unsere Freuden und Sorgen, lange bevor wir sie erleben.

*

Traurigkeit ist nur eine Mauer zwischen zwei Gärten.

*

Werden deine Freude oder deine Sorgen groß, wird die Welt um dich herum sehr klein.

*

Der bitterste Teil unsere Sorge von heute ist die Erinnerung an unsere Freude von gestern.

*

Du wirst vielleicht vergessen, mit wem du gelacht hast, aber niemals mit wem du geweint hast.

*

Irgendetwas seltsam Heiliges muss im Salz verborgen sein. Es ist in unseren Tränen und im Meer.

*

Im Herbst habe ich alle meine Sorgen aufgelesen und in meinem Garten vergraben. Und als es wieder April war und der Frühling zurückkehrte, um sich mit der Erde zu vermählen, wuchsen in meinem Garten schöne Blumen, anders und schöner als alle anderen Blumen.

All meine Nachbarn kamen vorbei, um sie zu sehen, und sagten: »Wenn es wieder Herbst und Zeit zum Sähen wird, willst du uns nicht von den Samen dieser Blumen geben, damit sie auch in unseren Gärten wachsen?«

SAND UND SCHAUM

Mary, liebste Mary, wie konntest du mich um Allah willen nur fragen, ob dich zu sehen mir mehr Schmerzen als Freude bereitet? Was im Himmel oder auf Erden verleitet zu einem solchen Gedanken?

Was ist Schmerz und was ist Freude? (Könntest du das eine vom anderen trennen?) Die Kraft, die dich und mich bewegt, besteht aus beidem, Freude und Schmerz, und was wahrhaft schön ist, gibt nichts als köstlichen Schmerz und quälende Freude.

Mary, du gibst mir so viel Freude, dass es schmerzt, und du gibst mir zugleich so viel Schmerzen – und deshalb liebe ich dich.

BRIEF AN MARY HASKELL

# VOM GEBEN UND NEHMEN

Dann sagte ein Reicher: Sprecht zu uns vom Geben.

Und er antwortete:

Ihr gebt nur wenig, wenn ihr von euren Besitztümern gebt.

Nur wenn ihr von euch selbst gebt, ist es wahrhaftiges Geben.

Denn was sind eure Besitztümer anderes als Dinge, die ihr bewahrt und bewacht aus Angst, dass ihr sie morgen noch braucht?

Und morgen, was bringt schon das Morgen dem ach so gescheiten Hund, der seine Knochen vergräbt im spurlosen Sand, während er den Pilgern zur Heiligen Stadt folgt?

Und was ist Angst vor der Not, wenn nicht selbst bereits Not?

Ist nicht die Furcht vor dem Durst, wenn dein Brunnen gefüllt ist, der wahrhaft unstillbare Durst?

Es gibt solche, die geben nur wenig von dem

vielen, das sie besitzen – und sie geben es um des Ansehens willen und ihr verborgenes Verlangen verdirbt ihre Gaben.

Und es gibt solche, die haben wenig und geben alles.

Sie glauben an das Leben und an die Fülle des Lebens und ihre Truhe ist niemals leer.

Es gibt solche, die mit Freude geben, und diese Freude ist ihr Lohn.

Und es gibt solche, die unter Schmerzen geben, und dieser Schmerz ist ihre Taufe.

Und es gibt solche, die geben und den Schmerz beim Geben nicht kennen. Sie streben weder nach Freude noch geben sie unter Bedacht auf ihre Tugend.

Sie geben, wie in jenem Tal dort die Myrte ihren Duft dem Kosmos entgegenhaucht.

Durch die Hände dieser Menschen spricht Gott und aus ihren Augen lächelt Er auf die Erde hinab.

Es ist gut zu geben, wenn man gefragt wird, doch besser noch ist es, ungefragt zu geben, aus Verstehen.

Und für den, der mit offenen Händen gibt, ist die Suche nach einem, der empfängt, eine größere Freude als das Geben selbst.

Und gibt es irgendetwas, das ihr zurückhalten würdet?

Alles, was ihr besitzt, wird eines Tages gegeben.

Deshalb gebt jetzt, damit die Zeit des Gebens eure Zeit ist und nicht die eurer Erben.

Ihr sagt oft: »Ich würde geben, aber nur denen, die es verdienen.«

Die Bäume in eurem Garten sagen das nicht und auch nicht die Herden auf eurer Weide.

Sie geben, um zu leben, denn zurückhalten hieße vergehen.

Wer seiner Tage und Nächte würdig ist, ist sicher auch würdig, von euch alles andere zu empfangen.

Und wer es verdient, aus dem Meer des Lebens zu trinken, verdient es auch, seinen Kelch in eurem Bach zu füllen.

Und welcher Verdienst könnte größer sein als der, der im Mut und im Vertrauen, ja in der Barmherzigkeit des Empfangens verborgen liegt?

Und wer seid ihr, dass Menschen gewaltsam ihr Herz öffnen und ihren Stolz euch enthüllen, damit ihr Wert nackt vor euch liegt und ihr Stolz bar jeder Scham?

Gebt nur erst Acht, dass ihr selbst es verdient, ein Gebender zu sein und ein Werkzeug des Gebens.

Denn in Wahrheit ist es das Leben, das dem Leben gibt – während ihr selbst, die ihr euch für Gebende haltet, nur Zeugen seid.

Und ihr, die ihr empfangt – und ihr seid sämtlich Empfangende –, bürdet euch nicht die Last der Dankbarkeit auf oder ihr zwängt euch selbst in ein Joch und genauso den Gebenden.

Steigt lieber gemeinsam mit dem Gebenden auf seinen Gaben empor wie auf Flügeln.

Denn seid ihr euch eurer Schuldigkeit zu sehr bewusst, dann zweifelt ihr am Großmut desjenigen, der die freiherzige Erde zur Mutter und Gott zum Vater hat.

DER PROPHET

Ich bin ein Sucher der Stille, und welchen Schatz habe ich in dieser Stille gefunden, den ich mit Zuversicht schenken kann?

DER PROPHET

Und wenn ihr im Winter den Wein kostet, lasst im Herzen ein Lied für jeden Becher erklingen. Und an die Tage des Herbstes und an den Weinberg und an die Presse soll in diesem Lied Erinnerung mitschwingen.

DER PROPHET

Für euch bringt die Erde ihre Früchte hervor und es wird euch an nichts mangeln, wenn ihr nur wisst, wie ihr eure Hände füllt. Erst im Teilen der Gaben der Erde jedoch werdet ihr Fülle und Zufriedenheit finden.

Doch nur wenn das Teilen mit Liebe geschieht und mit gütiger Gerechtigkeit, wird es die einen nicht zur Gier und die anderen nicht zum Hunger führen.

Der Prophet

Und jetzt fragt ihr in eurem Herzen: »Wie sollen wir das Gute an der Freude vom Schlechten unterscheiden?« Geht auf eure Felder und in eure Gärten und ihr werdet lernen, dass die Freude der Biene darin besteht, Honig von den Blüten zu sammeln, aber es ist auch die Freude der Blüte, ihren Honig der Biene zu geben.

Denn für die Biene ist die Blüte ein Brunnen des Lebens, und für die Blüte ist die Biene ein Bote der Liebe, und für beide, Biene und Blüte, ist das Geben und Empfangen von Freude ein Bedürfnis und Ekstase. Menschen von Orphalese, seid in euren Freuden wie Blüten und Bienen.

Der Prophet

Es lebte einmal ein Mann, der besaß ein ganzes Tal voller Nadeln. Und eines Tages kam die Mutter Jesu zu ihm und sagte: »Freund, das Kleid meines Sohnes ist zerrissen, und ich muss es unbedingt flicken, bevor er in den Tempel geht. Willst du mir nicht eine Nadel geben?«

Er aber gab ihr keine Nadel, sondern hielt ihr einen gelehrten Vortrag über das Geben und Nehmen, damit sie ihrem Sohn etwas brächte, bevor er in den Tempel ging.

Der Narr

An einem Sommertag sagte ein Frosch zu seinem Freund: »Ich fürchte, diese Leute, die in dem Haus dort am Seeufer wohnen, fühlen sich durch unsere nächtlichen Lieder gestört.«

Und sein Freund antwortete und sagte: »Na ja, aber stören nicht auch sie mit ihrem Gerede tagsüber unsere Ruhe?«

Da sagte der Frosch: »Lass uns die Möglichkeit erwägen, dass wir in der Nacht vielleicht allzu viel singen.«

Und sein Freund antwortete: »Lass uns die Möglichkeit erwägen, dass sie am Tag vielleicht allzu viel schwatzen und schreien.«

Da sagte der Frosch: »Was ist mit dem Ochsenfrosch, der die gesamte Nachbarschaft mit seinem gottverdammten Quaken stört?«

Und sein Freund antwortete: »Ja, aber was sagst du zu dem Politiker, dem Priester und dem Naturforscher, die an diese Ufer kommen und die Luft mit lautem, ungereimtem Lärm erfüllen?«

Da sagte der Frosch: »Dann lass uns besser sein als diese Menschen. Lass uns nachts still sein und unsere Lieder für uns behalten, auch wenn der Mond nach unseren Liedern ruft und die Sterne nach unseren Gesängen. Wenigstens ein, zwei Nächte, vielleicht sogar drei Nächte wollen wir still sein.«

Und sein Freund sagte: »Also gut, ich bin einverstanden. Wir werden ja sehen, was dein übergroßes Herz uns beschert.«

In dieser Nacht schwiegen die Frösche, und sie schwiegen auch in der folgenden Nacht und noch einmal in der dritten.

Doch sonderbar: An jenem dritten Tag kam die geschwätzige Frau, die in dem Haus dort am Seeufer wohnte, hinunter zum Frühstück und rief zu ihrem Mann: »Ich habe die letzten drei Nächte nicht geschlafen. Solange ich das Quaken der Frösche im Ohr hatte, schlief ich tief und fest. Aber irgendetwas muss passiert sein. Sie haben seit drei Nächten nicht mehr gequakt. Und meine Schlaflosigkeit macht mich schon ganz verrückt.«

Als der Frosch das hörte, wandte er sich an seinen Freund und sagte mit einem Augenzwinkern: »Und uns hat unser Schweigen schon ganz verrückt gemacht, oder nicht?«

Und sein Freund antwortete: »Ja, die Stille der Nacht lag uns schwer auf der Seele. Und ich sehe ein, dass wir keinerlei Grund haben, unser Singen aufzugeben, nur um denen einen Gefallen zu tun, die dazu verdammt sind, ihre Leere mit Lärm zu füllen.« Und in dieser Nacht riefen der Mond und die Sterne nicht umsonst nach ihren Gesängen und Liedern.

Der Wanderer

Ein Baum sprach zu einem Mann: »Meine Wurzeln stecken in der tiefen roten Erde, und ich werde dir von meinen Früchten geben.«

Und der Mann sprach zu dem Baum: »Wie ähnlich wir uns sind. Auch meine Wurzeln stecken tief in der roten Erde. Und die rote Erde gibt dir die Kraft, mir einen Teil deiner Früchte zu schenken, und die rote Erde lehrt mich, von dir in Dankbarkeit zu empfangen.«

Der Wanderer

Ohne ihre Gäste wären alle Häuser Gräber.

*

Einst sagte ein gnädiger Wolf zu einem einfachen Schaf: »Möchtet Ihr unserem Haus nicht die Ehre eines Besuches erweisen?«

Und das Schaf erwiderte: »Es hätte uns zur Ehre gereicht, Gast in Eurem Haus zu sein, wäre es nicht in Eurem Bauch.«

*

Ich bat meinen Gast, an der Schwelle zu warten, und sagte: »Nein, tretet Eure Füße nicht ab, wenn Ihr kommt, tretet sie ab, wenn Ihr geht.«

*

Großzügigkeit liegt nicht etwa darin, mir zu geben, was ich dringender brauche als du, sondern mir zu geben, was du dringender brauchst als ich.

*

Wahrhaft wohltätig bist du, wenn du gibst und beim Geben deinen Kopf zur Seite wendest, um die Scheu des Empfängers nicht zu sehen.

*

Der Unterschied zwischen dem reichsten und dem ärmsten Menschen auf Erden ist nichts als ein Tag Hunger und eine Stunde Durst.

*

Wir borgen oft von unseren Tagen von Morgen, um damit die Schulden unserer Tage von Gestern zu bezahlen.

*

Wie armselig bin ich, mich für großzügig zu halten, wenn das Leben mir Gold gibt, ich aber dir nur Silber.

*

Wie blind, wer dir aus seiner Tasche gibt, was er aus deinem Herzen nehmen könnte.

*

Er ist der wahre Prinz, der seinen Thron im Herzen des Derwischs erkennt.

*

Großzügigkeit heißt, mehr zu geben als man kann, Stolz heißt, weniger zu nehmen als man braucht.

*

In Wahrheit schuldest du niemandem etwas. Du schuldest allen alles.

*

Alle, die in der Vergangenheit gelebt haben, leben jetzt mit uns. Gewiss will keiner von uns ein schlechter Gastgeber sein.

Sand und Schaum

Hoch über einer Weide, auf der ein Schaf und ein Lamm grasten, kreiste ein Adler und schaute hungrig auf das Lamm herab. Doch als er gerade hinabstürzen wollte, um seine Beute zu packen, tauchte ein zweiter Adler auf und schwebte mit derselben hungrigen Absicht über dem Schaf und seinem Jungen. Da begannen die beiden Rivalen zu kämpfen und füllten den Himmel mit ihrem erbitterten Kreischen.

Das Schaf schaute auf und war sehr verwundert. Es wandte sich zu dem Lamm und sagte:

»Wie seltsam, mein Kind, dass diese erhabenen Vögel so übereinander herfallen. Ist der weite Himmel nicht groß genug für sie beide? Bete, mein Kleines, bete aus tiefstem Herzen, dass Gott Frieden stiften möge zwischen unseren geflügelten Brüdern.«

Und in seinem Herzen sprach das Lamm ein Gebet.

Der Vorbote

Vier Dichter saßen um eine Schale Punsch, die auf einem Tisch stand.

Da sagte der erste Dichter: »Mich dünkt, ich sehe mit meinem dritten Auge den Wohlgeruch des Weines durch den Raum schweben wie eine Wolke von Vögeln in einem verzauberten Wald.«

Da hob der zweite Dichter den Kopf und sagte: »Ich kann mit meinem inneren Ohr die Nebelvögel singen hören. Und die Melodie umschließt mein Herz wie die weiße Rose mit ihren Blütenblättern die Biene umfängt.«

Der dritte Dichter schloss die Augen, streckte seinen Arm empor und rief: »Ich berühre sie mit meiner Hand. Ich fühle, wie ihre Schwingen meine Finger streifen, wie der Odem einer schlafenden Elfe.«

Da erhob sich der vierte Dichter, nahm die Schale auf und sagte: »Ach, meine Freunde! Meine Sinne sind zu dumpf, Gesicht, Gehör, Gefühl sind taub. Ich kann den Wohlgeruch des Weins nicht sehen, seinen Gesang nicht hören und das Schlagen seiner Schwingen nicht spüren. Ich nehme nur ihn selbst wahr. Deshalb muss ich den Wein jetzt trinken, auf dass er meine Sinne schärfe und mich in selige Höhen emporhebe.«

Daraufhin führte er die Schale an die Lippen und trank den Punsch bis auf den letzten Tropfen leer.

Die drei Dichter starrten ihn mit offenen Mündern entgeistert an und in ihren Blicken lauerte ein durstiger, jedoch ganz unpoetischer Hass.

Der Vorbote

# VON DER FREIHEIT

Eure Kinder sind nicht eure Kinder.

Sie sind die Söhne und Töchter der Sehnsucht des Lebens nach sich selbst.

Sie kommen durch euch, aber nicht von euch.

Und wenn sie auch mit euch sind, so sind sie dennoch nicht euer Besitz.

Ihr dürft ihnen eure Liebe schenken, aber nicht eure Gedanken,

Denn sie haben ihre eigenen Gedanken.

Ihr dürft ihren Körpern ein Zuhause geben, aber nicht ihren Seelen,

Denn ihre Seelen wohnen im Haus der Zukunft und das könnt ihr nicht betreten, nicht einmal in euren Träumen.

Ihr dürft bestrebt sein, ihnen zu gleichen, aber versucht nicht, sie euch gleich zu machen.

Denn das Leben schreitet nicht rückwärts noch verweilt es im Gestern.

Ihr seid der Bogen, von dem eure Kinder wie lebendige Pfeile ausgeschickt werden.

Der Schütze sieht das Ziel auf dem Pfad der Unendlichkeit und Er ist es, der euch mit Seiner Kraft spannt, damit Seine Pfeile schnell und weit fliegen.

Lasst es euch zur Freude geschehen, dass die Hand des Schützen euch spannt;

Denn wie Er den Pfeil liebt, der fliegt, so liebt er genauso den Bogen, der bleibt.

DER PROPHET

Allein auch und ohne sein Nest soll der Adler fliegen zur Sonne.

DER PROPHET

Aber ihr, Kinder des Kosmos, ihr Ruhelosen in Ruhe, euch soll man nicht festsetzen oder bezähmen.

Euer Haus soll kein Anker sein, sondern ein Mast. Es soll kein glitzernder Firnis sein, der eine Wunde bedeckt, sondern ein Lid, welches das Auge beschützt. Ihr sollt eure Flügel nicht falten, nur um durch Türen zu gehen, ihr sollt eure Köpfe nicht beugen, nur um nicht an die Decke zu stoßen, ihr sollt euch nicht fürchten zu atmen, nur weil die Mauern reißen und einstürzen könnten.

Ihr sollt nicht in Gräbern wohnen, welche die Toten für die Lebenden schufen. Und auch wenn es Größe und Glanz hat, wird euer Haus euer Geheimnis nicht wahren und eure Sehnsucht nicht schützen.

Denn das Grenzenlose in euch wohnt im Haus des Himmels, dessen Tür der Frühnebel ist und dessen Fenster die Lieder und Lautlosigkeiten der Nacht.

DER PROPHET

Menschen von Orphalese, ihr könnt die Trommel dämpfen und ihr könnt lösen die Saiten der Leier, aber wer soll der Lerche das Singen verbieten?

DER PROPHET

Am Tor dieser Stadt und zuhause am Herd habe ich euch niederfallen sehen und eure eigene Freiheit anbeten, so wie sich Sklaven vor einem Tyrannen erniedrigen und ihn preisen, obwohl er sie schlägt. Ja, im Tempelhain und im Schatten der Zitadelle habe ich die Freiesten von euch gesehen, wie sie ihre Freiheit trugen als Joch und als Fessel. Und es blutete mir das Herz. Denn frei sein könnt ihr nur, wenn selbst der Wunsch nach Freiheit euch zum Knebelwerk wird und wenn ihr aufhört, von Freiheit als Ziel und als Erfüllung zu sprechen.

Ihr werdet erst dann wahrhaft frei sein, nicht wenn eure Tage ohne Sorge und eure Nächte ohne Verlangen und Schmerz vergehen, sondern wenn diese Dinge euer Leben umgürten und ihr euch dennoch nackt und ungebunden über sie erhebt. Und wie solltet ihr über eure Tage und Nächte hinaus, wenn ihr die Ketten nicht sprengt, die ihr am Morgeneurer Erkenntnis der eigenen Mittagsstunde angelegt habt?

In Wahrheit ist, was Freiheit ihr nennt, die stärkste dieser Ketten, auch wenn ihre Glieder in der Sonne glitzern und eure Augen blenden. Und sind es nicht immer nur Bruchteile eures Selbst, die ihr hingeben würdet, um eure Freiheit zu erlangen? Wenn es ein ungerechtes Gesetz ist, das ihr abschaffen wollt, dann wurde dieses Gesetz von eigener Hand geschrieben auf eure eigene Stirn. Ihr könnt es nicht auslöschen, indem ihr eure Gesetzesbücher verbrennt oder euren Richtern die Stirn wascht, auch wenn ihr den Ozean über sie ausgießt. Und wenn es ein Tyrann ist, den ihr entthronen wollt, so achtet zunächst darauf, dass ihr seinen Thron in euch zerstört. Denn wie kann ein Tyrann die Freien und Stolzen beherrschen, wenn nicht durch Tyrannei in ihrer eigenen Freiheit, wenn nicht durch Scham in ihrem eigenen Stolz? Und wenn es eine Sorge ist, die ihr abwerfen wollt, dann ist diese Sorge selbst gewählt, nicht euch auferlegt worden. Und wenn es eine Furcht ist, die ihr zerstreuen wollt, dann lebt diese Furcht in euch selbst und jetzt in der Hand des Gefürchteten.

Wahrlich, alles befindet sich in eurem Sein in dauernder unvollständiger Umarmung, das Erhoffte und das Gefürchtete, das Abstoßende und das Geliebte, das Erstrebte und das, dem ihr hofft zu entfliehen. All dies befindet sich in euch wie Lichter und Schatten in Paaren, die zueinander gehören. Und wenn der Schatten sich auflöst und nicht mehr da ist, dann wird das Licht, das zurückbleibt, der Schatten eines anderen Lichts.

Und genauso wird eure Freiheit, wenn ihre Fesseln sie abstreift, die Fessel einer größeren Freiheit.

DER PROPHET

Freude ist ein Lied der Freiheit, aber sie ist nicht die Freiheit selbst.

Sie ist die Blüte eures Verlangens, aber nicht dessen Frucht.

Sie ist eine Tiefe, die zur Höhe hinaufruft, aber sie ist nicht das Tiefe oder das Hohe selbst.

Sie ist das Gefangene auf Flügeln, aber sie umspannt nicht den Kosmos.

Ja, in aller Wahrheit, Freude ist ein Lied der Freiheit. Und gerne sollt ihr es singen aus ganzem Herzen; aber ihr dürft euer Herz in diesem Gesang nicht verlieren.

DER PROPHET

Ihr fragt mich, wie ich ein Narr wurde. Es geschah so: Eines Tages, lange bevor viele Götter geboren wurden, erwachte ich aus einem tiefen Schlaf und sah, dass alle meine Masken gestohlen worden waren – die sieben Masken, die ich sieben Leben lang gestaltet und getragen habe. Ich lief maskenlos durch die belebten Straßen und rief: »Diebe, Diebe, die verfluchten Diebe.«

Männer und Frauen lachten mich aus, und manche liefen in ihre Häuser, weil sie Angst vor mir hatten.

Und als ich den Marktplatz erreichte, rief ein Junge von einem Hausdach herunter: »Er ist ein Narr.« Ich hob den Kopf, um ihn zu sehen, und zum ersten Mal küsste die Sonne mein eigenes nacktes Gesicht. Zum ersten Mal küsste die Sonne mein eigenes nacktes Gesicht, und meine Seele entflammte in Liebe zur Sonne, und ich wollte meine Masken nicht mehr. Und wie verzückt rief ich aus: »Gesegnet und gepriesen seien die Diebe, die meine Masken stahlen.«

So bin ich zum Narren geworden.

Und ich habe sowohl Freiheit als auch Sicherheit in meinem Wahnsinn gefunden; die Freiheit des Alleinseins und das Bewahrtsein vor dem Verstandenwerden. Denn die, die uns verstehen, versklaven etwas in uns.

Aber ich will nicht allzu stolz auf diese Sicherheit sein. Auch ein Dieb im Gefängnis ist sicher vor einem anderen Dieb.

## Der Narr

Es war der Garten einer Irrenanstalt, in dem ich einen jungen Mann traf, dessen Gesicht ganz bleich und schön und voller Verwunderung war.

Und ich setzte mich neben ihn auf die Bank und fragte: »Warum bist du hier?«

Da sah er mich voller Erstaunen an und erwiderte: »Es ist eine unschöne Frage, aber ich will sie dennoch beantworten. Mein Vater wollte aus mir sein Ebenbild machen, das Gleiche wollte mein Onkel. Meine Mutter wollte, dass ich ihrem berühmten Vater glich, und für meine Schwester war ihr seefahrender Ehemann das große Vorbild, dem ich folgen sollte. Mein Bruder hingegen meint, ich solle sein wie er, ein glänzender Athlet.

Und auch meine Lehrer, der Philosoph, der Musiker, der Logiker, auch sie waren fest entschlossen, und jeder von ihnen wollte, dass ich zum Spiegelbild wurde, zum Spiegelbild ihrer selbst.

Deshalb kam ich an diesen Ort. Ich halte ihn für gesünder. Hier kann ich zumindest ich selbst sein.«

Dann drehte er sich plötzlich zu mir um und fragte: »Doch sag mir, haben Erziehung und guter Rat auch dich an diesen Ort getrieben?«

Und ich antwortete: »Nein, ich bin ein Gast.«

Und er sagte: »Oh, dann bist du einer von denen, die in dem Irrenhaus auf der anderen Seite der Mauer leben.«

Der Wanderer

Ich wurde zum zweiten Mal geboren, als meine Seele und mein Körper sich liebten und vermählten.

*

Erinnerung ist eine Form der Begegnung.

*

Vergessen ist eine Form der Freiheit.

*

Du bist frei gegenüber der Sonne des Tages, frei gegenüber den Sternen der Nacht.

Auch bist du frei, wenn es keine Sonne und keinen Mond und keine Sterne gibt.

Du bist sogar frei, wenn du vor allem, was da ist, deine Augen verschließt.

Aber du bist ein Sklave dem, den du liebst, weil du ihn liebst.

Und ein Sklave dem, der dich liebt, weil er dich liebt.

*

Der wahrhaft freie Mensch ist jener, der die Bürde der Sklavenbande geduldig erträgt.

*

Es ist der Verstand in uns, der sich den Gesetzen ergibt, die wir machen, niemals der Geist in uns.

*

Ein Reisender und ein Steuermann bin ich und jeden Tag entdecke ich eine neue Region meiner Seele.

Sand und Schaum

Du besitzt die große Gabe des Verstehens, geliebte Mary. Du bist eine Lebensspenderin, Mary. Du bist wie der Große Geist, der sich des Menschen annimmt nicht nur, um an seinem Leben teilzuhaben, sondern um es zu bereichern. Dich zu kennen ist das Größte, was meine Tage und Nächte mir je zu geben vermögen, ein Wunder weit außerhalb aller natürlichen Ordnung der Dinge.

Ich war immer Meinung, wie es schon im *Narren* steht, dass diejenigen, die uns verstehen, uns auch zu Sklaven machen. Dein Verstehen jedoch ist die sanfteste Freiheit, die mir je begegnet ist. Und in den letzten zwei Stunden deines letzten Besuches nahmst du mein Herz in die Hand und entdecktest einen schwarzen Fleck. Doch just in dem Moment, als du ihn fandst, war er für immer verschwunden und ich war ganz befreit von Ketten.

Brief an Mary Haskell

Wenn ich sage, dass »diejenigen, die uns verstehen, etwas in uns niederzwingen«, fragst du, ob ich möchte, dass überhaupt irgendjemand mich versteht. Nein! Nein! Ich will, dass kein Mensch mich versteht, solange ein solches Verstehen meine geistige Versklavung bedeutet. Es gibt viele Leute, die glauben, dass sie uns verstehen, nur weil sie in unserem »äußerlichen« Verhalten etwas entdecken, das Ähnlichkeit mit etwas hat, das sie ein einziges Mal in ihrem Leben zufällig auch mal erlebt haben. Dabei reicht es ihnen nicht zu behaupten, sie würden unsere Geheimnisse kennen – Geheimnisse, von denen wir nicht mal in uns selbst etwas wissen – nein, sie müssen uns bewerten und beschildern und in eines der vielen Fächer stecken, aus denen ihre Gedanken und Vorstellungen bestehen, so wie der Apotheker es mit seinen Puder- und Medizinfläschchen tut. Dieser Autor, der behauptet, du würdest mich in einigen deiner Schriften imitieren – ist er nicht auch einer von denen, die behaupten, sie würden unsere Geheimnisse kennen und verstehen? Du könntest ihn niemals davon überzeugen, dass Unabhängigkeit der Punkt ist, auf den sich alle Seelen zubewegen, und dass die Eiche und die Weide niemals im Schatten des anderen wachsen.

BRIEF AN MAY ZIADAH

Du warst so nah – mir heute und gestern so unglaublich nah. Dein letzter Brief ist eine Flamme, eine beflügelte Kugel, eine Welle von jener Insel fremder Musik.

Diese Tage, geliebte Mary, sind angefüllt mit Bildern und Stimmen und Schatten – Feuer ist in meinem Herzen – Feuer ist in meinen Händen – und wo ich auch hingehe, sehe ich geheimnisvolle Dinge. Weißt du denn nicht, wie es ist, wenn man brennt und brennt und weiß, während man brennt, dass man sich von allem befreit, was um einen ist? Oh, es gibt keine größere Freude als die Freude des Feuers!

Und nun lass mich mit allen Stimmen, die in mir sind, herausschreien, dass ich dich liebe!

Brief an Mary Haskell

Und eines Morgens saßen seine Schüler um ihn und in seinen Augen lagen Ferne und Gedenken. Da sprach zu ihm ein Schüler, den sie Hafiz nannten: »Meister, erzähl uns von der Stadt Orphalese und von dem Land, in dem du zwölf Jahre verbracht hast.«

Und Almustafa schwieg und sah hinüber zu den Bergen und zum weiteren Äther und in seinem Schweigen lag ein Kampf.

Dann sprach er: »Meine Freunde und Weggenossen, habt Mitleid mit dem Volk, das voller Überzeugungen steckt und doch bar jedweder Religion ist.

Habt Mitleid mit dem Volk, das Stoffe trägt, die es nicht webt, das Brot isst, dessen Korn es nicht erntet, und das einen Wein trinkt, der nicht aus der eigenen Weinpresse fließt.

Habt Mitleid mit dem Volk, das den Tyrannen als Helden feiert und den ruhmreichen Eroberer für mildtätig hält.

Habt Mitleid mit dem Volk, das in seinen Träumen die Leidenschaft verschmäht, jedoch im Wachsein sich ihr fügt.

Habt Mitleid mit dem Volk, das seine Stimme nicht erhebt, außer es geht in einem Leichenzug, das nicht prahlt, außer in seinen Ruinen, und das nicht rebelliert, außer sein Hals liegt zwischen Schwert und Holzblock.

Habt Mitleid mit dem Volk, dessen Staatsmann ein Fuchs, dessen Denker ein Schwindler und dessen Kunst die Kunst der Flickerei und Nachahmung ist.

Habt Mitleid mit dem Volk, das seinen neuen Herrscher mit Trompeten begrüßt und mit Gejohle verabschiedet, nur um den nächsten erneut mit Trompeten zu begrüßen.

Habt Mitleid mit dem Volk, dessen Weise vor Alter längst verstummt sind und dessen starke Männer noch in der Wiege liegen.

Habt Mitleid mit dem Volk, das in Stücke zerteilt ist, von denen jedes sich selbst für ein Volk hält.

Der Garten des Propheten

# VON DER RELIGION

Und ein alter Priester sagte: Sprecht zu uns von Religion.

Und er sagte: Habe ich heute von irgendetwas anderem gesprochen? Sind nicht alle Taten und alles Denken Religion, und auch, was weder Tat ist noch Gedanke, sondern ein Staunen und Überraschtsein, das immer in der Seele lebt, selbst wenn die Hände Stein behauen oder den Webstuhl bedienen? Wer kann seinen Glauben von seinen Handlungen trennen, wer seine Überzeugung von dem, was ihn beschäftigt? Wer kann seine Stunden vor sich ausbreiten und sagen: »Dies ist für Gott und dies für mich selbst; dies für meine Seele und dies hier für meinen Körper?«

All eure Stunden sind Flügel, die sich von Selbst zu Selbst durch den Raum schwingen. Wer seine Moral nur als bestes Kleidungsstück trägt, ginge besser nackt. Der Wind und die Sonne werden keine Löcher in seine Haut reißen. Und wer sein Verhalten nach ethischen Grundsätzen regelt, sperrt seinen Singvogel in einen Käfig. Das freieste Lied dringt nicht durch Stäbe und Draht. Und wem der Gottesdienst ein Fenster ist, das man öffnen kann, aber auch schließen, ist nie im Haus seiner Seele gewesen, dessen Fenster sich von Morgen zu Morgen erstrecken.

Euer tägliches Leben ist euer Tempel und eure Religion. Wann immer ihr über seine Schwelle tretet, nehmt alles mit, was ihr habt. Nehmt den Pflug mit und die Schmiede, nehmt den Hammer und die Laute, Dinge, die ihr aus Notwendigkeit geschaffen habt oder zum Vergnügen. Denn im Traum könnt ihr euch weder über eure Erfolge erheben noch tiefer fallen als eure Fehler.

Und nehmt die anderen mit euch: Denn in der Verehrung könnt ihr nicht höher fliegen als ihre Hoffnungen und euch nicht weiter erniedrigen als ihre Verzweiflung. Und solltet ihr Gott erkennen, meint deshalb nicht, die Rätsel zu lösen. Eher schaut um euch und ihr werdet sehen, wie Er mit euren Kindern spielt. Und schaut in den Himmel und ihr werdet sehen, wie Er in der Wolke geht, wie er in Blitzen seine Arme ausstreckt und im Regen herabsteigt. Ihr werdet sehen, wie Er aus den Blumen hervorlächelt, aufsteigt und aus den Bäumen euch zuwinkt.

Der Prophet

Ihr betet in eurer Verzweiflung und Not. Ich wünschte, ihr würdet auch beten, wenn ihr von Freude erfüllt seid und an den Tagen, die reich euch beschenken. Denn was ist das Gebet anderes als die Entfaltung eurer selbst in den lebendigen Äther hinein?

Und wenn es euch tröstet, eure Dunkelheit in den endlosen Raum zu ergießen, dann spendet es auch Freude, das Erwachen eures Herzens strömen zu lassen. Und wenn ihr nicht anders könnt als zu weinen, wenn eure Seele euch zum Gebet ruft, dann soll sie euch trotz der Tränen wieder und wieder so lange bedrängen, bis ihr lacht.

Wenn ihr betet, dann steigt ihr empor, um in den Lüften denen zu begegnen, die zur selben Stunde ebenfalls beten und denen ihr anders als im Gebet nie begegnen würdet. Deshalb besucht diesen unsichtbaren Tempel für nichts als Ekstase und süße Zwiesprache. Denn wenn ihr den Tempel mit keinem anderen Ziel betretet als zu fordern, so werdet ihr nicht empfangen: Und wenn ihr den Tempel betretet, um euch zu demütigen, so werdet ihr nicht erhoben: Oder gleichfalls, wenn ihr den Tempel betretet, um für das Wohl von anderen zu bitten, so werdet ihr nicht erhört.

Es ist genug, wenn ihr den unsichtbaren Tempel betretet. Ich kann euch nicht lehren, in Worten zu beten. Gott hört nicht auf eure Worte, es sei denn, Er Selbst spricht sie durch eure Lippen. Und ich kann euch das Gebet der Meere und der Wälder und der Berge nicht lehren. Aber ihr Kinder der Berge und der Wälder und der Meere könnt ihrer Gebete in eurem Herzen gewahr werden, und wenn ihr lauscht in der Stille der Nacht, dann hört ihr sie schweigend sagen:

»Unser Gott, der du unser geflügeltes Selbst bist, es ist euer Wille in uns, der will. Es ist dein Verlangen in uns, das verlangt. Es ist dein Drang in uns, der unsere Nächte, die dein sind, in Tage verwandelt, die dein sind. Wir können dich um nichts bitten, denn du kennst unsere Bedürfnisse, bevor sie in uns erwachen: Du bist unser Bedürfnis. Und indem du uns mehr von dir selbst gibst, gibst du uns alles.«

DER PROPHET

Als in uralten Tagen das erste Beben der Sprache meine Lippen erreichte, stieg ich den Heiligen Berg hinauf und sprach zu Gott: »Herr, ich bin Dein Sklave. Dein verborgener Wille ist mein Gesetz, und ich will Dir ewig gehorchen.«

Aber Gott antwortete nicht und zog wie ein mächtiger Sturm vorüber.

Und tausend Jahre später stieg ich noch einmal den Heiligen Berg hinauf und sprach zu Gott: »Schöpfer, ich bin Deine Schöpfung. Aus Lehm hast Du mich geschaffen, und Dir verdanke ich alles, was ich bin.«

Aber Gott antwortete nicht, sondern zog vorüber wie tausend rasende Schwingen.

Und tausend Jahre später stieg ich noch einmal den Heiligen Berg hinauf und sprach zu Gott:

»Vater, ich bin Dein Sohn. Aus Erbarmen und Liebe hast Du mir das Leben geschenkt, und durch Liebe und Ehrfurcht werde ich Dein Königreich erben.«

Aber Gott antwortete nicht und zog wie der Nebel vorüber, der die fernen Hügel verhüllt.

Und tausend Jahre später stieg ich noch einmal den Heiligen Berg hinauf und sprach zu Gott: »Mein Gott, mein Ziel und meine Erfüllung. Ich bin Dein Gestern, und Du bist mein Morgen. Ich bin Deine Wurzel im Erdreich, und Du bist meine Blume im Himmel, und gemeinsam wachsen wir dem Antlitz der Sonne entgegen.«

Daraufhin neigte sich Gott zu mir herab und flüsterte süße Worte in mein Ohr, und wie das

Meer einen Bach, der zu ihm herabfließt, umfängt, so umfing er auch mich.

Und als ich in die Täler und Ebenen hinabstieg, war Gott auch dort.

Der Narr

Eines Tages kam ein weiser Hund an einer Gruppe von Katzen vorüber.

Und als er näher kam und sah, dass sie in ihr Spiel sehr vertieft waren und ihm keine Beachtung schenkten, blieb er stehen.

Dann erhob sich aus ihrer Mitte eine große, würdevolle Katze, sah auf die anderen herab und sagte: »Brüder, ihr sollt beten. Und wenn ihr gebetet und nochmals gebetet habt und an nichts mehr zweifelt, wahrlich, dann wird es Mäuse regnen.«

Und als der Hund das hörte, lachte er in sich hinein und wandte sich ab und sagte: »Oh, ihr blinden, närrischen Katzen, steht es denn nicht geschrieben und ist es nicht mir und meinen Vätern längst bekannt, dass das, was durch Gebete, Glaube und Flehen herabregnet, nicht Mäuse, sondern Knochen sind?«

Der Narr

Letzte Nacht habe ich eine neue Freude erfunden, und als ich sie zum ersten Mal beging, stürmten ein Engel und ein Teufel zu meinem Haus. Sie trafen sich vor meiner Tür und rangen miteinander über meine neu erschaffene Freude. Der eine rief: »Es ist eine Sünde!« – der andere: »Es ist eine Tugend!«

Der Narr

In meiner Jugend erzählte man mir, dass in einer bestimmten Stadt alle Menschen nach der Heiligen Schrift leben.

Und ich sagte: »Ich will diese Stadt und ihre Seligkeit suchen.« Der Weg war weit, und ich traf große Vorsorge für meine Reise. Und nach vierzig Tagen erblickte ich die Stadt, und am einundvierzigsten Tag trat ich durch ihr Tor.

Und siehe! Von sämtlichen Bewohnern dieser Stadt hatte jeder nur ein einziges Auge und nur eine Hand. Und ich war erstaunt und sprach zu mir selbst: »Haben alle Bewohner dieser so heiligen Stadt wirklich nur ein Auge und eine Hand?«

Dann sah ich, dass auch sie erstaunt waren, denn sie wunderten sich sehr über meine zwei Hände und zwei Augen. Und als sie miteinander sprachen, trat ich fragend auf sie zu und sagte: »Ist dies wirklich die Selige Stadt, wo jeder nach der

Heiligen Schrift lebt?« Und sie sagten: »Ja, das ist diese Stadt.«

»Und was«, fragte ich, »ist euch widerfahren? Wo sind eure rechten Augen und eure rechten Hände?«

Und all diese Leute waren gerührt. Und sie sagten: »Kommt und seht.«

Und sie führten mich zum Tempel in der Mitte der Stadt. Und im Tempel sah ich einen Berg von Händen und Augen. Alle verdorrt. Dann sagte ich: »Oh weh! Welcher Eroberer hat diese Grausamkeit an euch verübt?«

Und es ging ein Raunen durch die Menge. Und einer der Älteren trat vor und sagte: »Dies haben wir selbst getan. Gott hat uns zu Siegern über das Böse gemacht, das in uns war.«

Und er führte mich zu einem Hochaltar, und all die Leute folgten uns. Und er zeigte mir eine gemeißelte Inschrift über dem Altar, und ich las:

»Wenn dein rechtes Auge sich gegen dich versündigt, dann reiß es aus und wirf es von dir. Denn es ist besser für dich, dass eins deiner Glieder verderbe und nicht der ganze Leib in die Hölle geworfen werde. Und wenn deine rechte Hand sich gegen dich versündigt, dann haue sie ab und wirf sie von dir. Denn es ist besser für dich, dass eins deiner Glieder verderbe und nicht der ganze Leib in die Hölle fahre.«

Dann verstand ich. Und ich drehte mich um zu all diesen Leuten und rief: »Hat wirklich kein Mann und keine Frau unter euch zwei Augen oder zwei Hände?«

Und sie antworteten mir und sagten: »Nein, nicht einer. Niemand von uns ist ganz, außer denen, die noch zu jung sind, um die Heilige Schrift zu lesen und ihre Gesetze zu verstehen.«

Und als wir aus dem Tempel heraustraten, verließ ich augenblicklich jene Selige Stadt. Denn ich war nicht zu jung, und ich war in der Lage, die Heilige Schrift zu lesen.

Der Narr

Es ist eine vollkommene Welt, eine Welt von höchster Vortrefflichkeit, eine Welt überragendster Wunder, die reifste Frucht im Garten Gottes, der Meistergedanke des Universums.

Doch warum muss ich hier sein, oh Gott, ich, ein lebendiger Same unerfüllter Leidenschaft, ein wilder Sturm, der weder Ost noch Westen sucht, ein verirrter Bruchteil eines verbrannten Planeten?

Warum bin ich hier, oh Gott der verlorenen Seelen, selbst verloren unter den Göttern?

Der Narr

An einem stürmischen Tag stand ein christlicher Bischof in seiner Kathedrale, und eine Frau, die nicht christlich war, kam herein, stellte sich vor ihn und sagte: »Ich bin keine Christin. Kann ich dennoch vom Höllenfeuer erlöst werden?«

Da sah der Bischof auf die Frau herab und antwortete ihr: »Nein, Erlösung gibt es nur für die, die getauft sind mit Wasser und im Namen des Heiligen Geistes.«

Und während er noch sprach, schlug aus dem Himmel ein Blitz mit lautem Donner in die Kathedrale ein, und sie war von Feuer erfüllt.

Da liefen die Menschen der Stadt herbei und retteten die Frau, doch der Bischof wurde vom Feuer verzehrt.

Der Wanderer

Eines Tages traf der Prophet Sharia in einem Garten ein Kind. Das Kind lief auf ihn zu und sagte: »Einen guten Morgen Euch, Herr«, und der Prophet sagte: »Einen guten Morgen Euch, Herr.« Und einen Augenblick später: »Ich sehe, dass du allein bist.«

Da sagte das Kind vergnügt und lachend: »Es hat sehr lange gedauert, bis ich meiner Amme entwischt bin. Sie denkt, ich sei hinter dieser Hecke dort, aber du siehst ja, ich bin hier.« Dann sah es dem Propheten ins Gesicht und sagte: »Du bist auch allein. Was hast du mit deiner Amme gemacht?«

Der Prophet antwortete und sagte: »Ah, das ist etwas anderes. In Wahrheit ist es so, dass ich ihr nicht sehr oft entwischen kann. Gerade eben aber, als ich in diesen Garten kam, suchte sie hinter der Hecke nach mir.«

Da klatschte das Kind in die Hände und rief: »Dann bist du also verloren wie ich! Ist es nicht gut, einmal verloren zu gehen?« Und dann fragte das Kind: »Wer bist du?«

Und der Mann antwortete: »Sie nennen mich den Propheten Sharia. Und sag, wer bist du?«

»Ich bin nur ich selbst«, sagte das Kind, »und meine Amme sucht nach mir, und sie weiß nicht, wo ich bin.«

Da blickte der Prophet zum Himmel empor und sagte: »Auch ich bin meiner Amme für eine Weile entflohen, doch sie wird mich finden.«

Und das Kind sagte: »Ich weiß, dass meine mich auch finden wird.«

In diesem Augenblick war die Stimme einer Frau zu hören, wie sie den Namen des Kindes rief. »Siehst du«, sagte das Kind, »ich hab dir gesagt, dass sie mich finden würde.«

Und im gleichen Moment war eine andere Stimme zu hören: »Wo seid Ihr, Sharia?«

Und der Prophet sagte: »Siehst du, mein Kind, mich hat man auch gefunden.«

Und indem er den Kopf nach oben wandte, antwortete Sharia: »Hier bin ich.«

Der Wanderer

Einmal sagte ein Mann zum anderen: »Vor langer Zeit schrieb ich, als Flut war, mit der Spitze meines Stocks eine Zeile in den Sand. Und heute noch bleiben die Leute stehen, um sie zu lesen, und geben acht, dass niemand sie zertritt.«

Und der andere sagte: »Auch ich schrieb damals eine Zeile in den Sand, doch es war Ebbe, und die Wellen des weiten Meeres spülten sie fort. Aber sag mir, was schriebst du?«

Und der erste Mann antwortete und sagte: »Ich schrieb: ›Ich bin der, der ist.‹ Und was schriebst du?«

Und der andere sagte: »Ich schrieb: ›Ich bin nur ein Tropfen in diesem unendlichen Ozean.‹«

Der Wanderer

Es lebte einst ein einsiedlerischer Prophet, der dreimal im Monat hinunter in die große Stadt ging und auf den Marktplätzen den Leuten vom Geben und Teilen predigte. Er redete gut und war im ganzen Land berühmt.

Eines Abends kamen drei Männer zu seiner Einsiedelei, und er begrüßte sie. Sie sagten: »Du hast vom Geben und Teilen gepredigt, und du hast versucht, denen, die viel haben, beizubringen, jenen zu geben, die kaum etwas haben. Wir zweifeln nicht, dass dein Ruhm dir Reichtum gebracht hat. Also komm und gib uns von deinem Reichtum, denn wir sind in Not.«

Und der Einsiedler antwortete und sagte: »Meine Freunde, ich habe nichts als dieses Bett und diese Matte und diesen Krug mit Wasser. Nehmt sie, wenn ihr wollt. Ich habe weder Gold noch Silber.«

Da schauten sie ihn verächtlich an und wandten sich von ihm ab. Und der zuletzt ging, blieb in der Tür einen Augenblick stehen und sagte: »Oh, du Betrüger! Du Schwindler! Du lehrst und predigst, was du selbst nicht tust.«

Der Wanderer

Einst lebte ein Mann, der hatte in seinem Garten viele Granatapfelbäume. Und Herbst für Herbst legte er seine Granatäpfel auf silbernen Tabletts vor sein Haus und stellte Schilder daneben, auf die er mit eigener Hand geschrieben hatte: »Umsonst. Bitte bedienen Sie sich.«

Aber die Leute gingen einfach vorbei, und keiner nahm von den Früchten.

Da überlegte der Mann eine Weile und stellte im nächsten Herbst keine Granatäpfel auf silbernen Tabletts mehr vor sein Haus, sondern errichtete eine Tafel, auf der in großen Buchstaben stand: »Hier gibt es die besten Granatäpfel im ganzen Land, allerdings kosten sie auch mehr als alle anderen.«

Und siehe da, aus der ganzen Nachbarschaft strömten die Leute herbei und kauften.

Der Wanderer

In der Stadt Kilafis stand ein Sophist auf den Stufen des Tempels und predigte die Vielgötterei. Und die Leute sagten zu sich: »Wir wissen das alles. Diese Götter leben doch mit uns und folgen uns überallhin.«

Nicht lange danach stand ein anderer Mann auf dem Marktplatz und sprach zu den Leuten und sagte: »Es gibt keinen Gott.« Und viele, die ihn hörten, waren ob seiner Botschaft sehr froh, denn sie fürchteten die Götter.

Und an einem anderen Tag kam ein Mann von großer Beredsamkeit, und er sagte: »Es gibt nur einen Gott.« Und die Leute waren bestürzt, denn tief im Herzen fürchteten sie die Strafe eines Gottes mehr als die von vielen Göttern.

Und zur selben Zeit kam noch ein weiterer Mann, und er sagte zu den Leuten: »Es gibt drei Götter, und sie wohnen im Wind, als wären sie einer, und sie haben eine große, barmherzige Mutter, die zugleich ihre Frau und ihre Schwester ist.«

Da waren alle zufrieden, denn sie sagten sich im Stillen: »Drei Götter in einem werden sich über unsere Verfehlungen uneinig sein, und ihre barmherzige Mutter wird in unserer Schwäche bestimmt für uns eintreten.«

Und bis auf den heutigen Tag gibt es Menschen in der Stadt Kilafis, die über viele Götter und keinen Gott, über einen Gott und drei in einem und die barmherzige Mutter der Götter miteinander streiten und zanken.

DER WANDERER

Eines Tages im Juni sagte das Gras zum Schatten einer Ulme: »Du bewegst dich viel zu oft nach rechts und links, und du störst meine Ruhe.«

Und der Schatten antwortete und sagte: »Nicht ich, nicht ich. Sieh in den Himmel. Dort steht ein Baum, der sich im Wind von Ost nach West bewegt, zwischen der Sonne und der Erde.«

Und das Gras sah auf und bemerkte zum ersten Mal den Baum. Und es sagte im Stillen zu sich: »Sieh an, dort steht ein größeres Gras als ich.«

Und das Gras verfiel in Schweigen.

DER WANDERER

Im Tal von Kadisha, durch das der mächtige Fluss fließt, trafen sich zwei kleine Bäche und sprachen miteinander.

Der eine Bach sagte: »Woher kommst du, mein Freund, und wie war dein Weg?«

Und der andere antwortete: »Mein Weg war voller Hindernisse. Das Mühlrad war gebrochen, und der Großbauer, der mich früher vom Kanal zu seinen Pflanzen gelenkt hat, ist tot. Ich kämpfte mich durch und sickerte durch den Schmutz derer, die nichts tun, als herumzusitzen und ihre Faulheit in der Sonne zu braten. Doch wie war dein Weg, mein Bruder?«

Und der andere Bach antwortete und sagte: »Mein Weg war anders. Ich plätscherte die Hügel hinunter durch duftende Blumen und schüchterne Weiden. Männer und Frauen tranken aus silbernen Bechern von meinem Wasser, und kleine Kinder plantschten mit ihren rosigen Füßen an meinen Ufern, und um mich herum war überall Lachen und süße Lieder erklangen. Wie schade, dass dein Weg nicht ebenso glücklich war.«

In diesem Augenblick sprach der Fluss mit lauter Stimme und sagte: »Kommt zu mir, kommt zu mir, wir fließen ins Meer. Kommt zu mir, kommt zu mir und sprecht nun nicht mehr. Schließt euch mir an. Wir fließen ins Meer. Kommt zu mir, kommt zu mir, denn in mir vergesst ihr, was auf euren Reisen geschah, ob traurig, ob froh. Kommt zur mir, kommt zu mir. Und wir alle wollen all unsere Wege vergessen, wenn wir das Herz unserer Mutter erreichen, unserer Mutter, der See.«

DER WANDERER

Ich weiß nichts von der absoluten Wahrheit. Doch ich verneige mich vor meinem Unwissen und das gereicht mir zur Ehre und darin liegt mein Lohn.

SAND UND SCHAUM

Und am ersten Tag der Woche, als der Klang der Tempelglocken ihre Ohren erreichte, sprach einer von ihnen: »Meister, uns wird hier viel von Gott erzählt. Was aber sagt Ihr über Gott? Und wer ist Gott in Wahrheit?«

Und er stand vor ihnen wie ein junger Baum, ohne Angst vor Wind und Sturm, und antwortete: »Denkt Euch, meine Gefährten und Geliebten, ein Herz, das all Eure Herzen enthält, eine Liebe, die all Eure Liebe umfasst, einen Geist, der all Euren Geist umhüllt, eine Stimme, die all Eure Stimmen umgibt, und eine Stille, die tiefer ist als all Eure Stille, und zeitlos.

Sucht in Eurer Selbsterfülltheit nun eine Schönheit zu erkennen, die bezaubernder ist als alles, was schön ist, einen Gesang, der weiter ist als die Gesänge der See und des Waldes, eine Majestät auf einem Thron, für den Orion nur ein Säulenfuß wäre, die einen Zepter hält, in dem die Plejaden nicht mehr sind als ein Tautropfenschimmer.

Ihr habt immer nur nach Essen und Unterkunft gesucht, nach einem Gewand und einem Stab. Sucht jetzt nach einem, der weder ein Ziel für Eure Pfeile noch eine felsige Höhle ist, die Euch vor den Elementen schützt.

Und wenn meine Worte ein Fels und Rätsel

sind, dann trachtet dennoch danach, dass Eure Herzen brechen und Eure Fragen emporsteigen zur Liebe und zur Weisheit des Höchsten, den die Menschen Gott nennen.«

Und sie waren still, jeder einzelne von ihnen, und sie waren verwirrt tief in ihrem Herzen. Und Almustafa hatte Mitleid mit ihnen und sah zärtlich auf sie herab und sprach: »Lasst uns nun von Gott, dem Vater, nicht mehr sprechen. Lasst uns lieber von den Göttern, Euren Nachbarn, sprechen und von Euren Brüdern, den Elementen, die in Euren Häusern und auf Euren Feldern leben.

Ihr steigt in Eurer Fantasie empor zu den Wolken und Ihr haltet das für Höhe. Ihr überquert die Weite des Meeres und haltet das für Entfernung. Ich aber sage Euch, wenn Ihr ein Samenkorn in die Erde legt, erreicht Ihr eine größere Höhe, und wenn Ihr Eurem Nachbarn die Schönheit des Morgens entgegenjubelt, überquert Ihr ein größeres Meer.

Allzu häufig besingt Ihr Gott, den Unendlichen, und dennoch hört Ihr in Wahrheit das Lied nicht. Würdet Ihr doch den Singvögeln zuhören und den Blättern, die von den Zweigen fallen, wenn der Wind an ihnen entlangstreicht. Und vergesst nicht, meine Freunde, dass diese

Blätter nur singen, wenn sie vom Zweig getrennt sind!

Noch einmal bitte ich Euch, nicht so unverblümt von Gott zu sprechen, der Euer All und Ganzes ist. Sprecht lieber von Euch selbst und versteht Euch, von Nachbar zu Nachbar, und so von einem Gott zum anderen.

Denn von was soll im Nest der Jungvogel leben, wenn die Vogelmutter himmelswärts fliegt? Und welche Anemone auf dem Feld soll Erfüllung finden, wenn sie nicht von einer Biene von einer zweiten Anemone befruchtet wird?

Nur wenn Ihr Euch in Eurem kleineren Selbst verliert, sucht Ihr den Himmel, den Ihr Gott nennt. Würdet Ihr doch Wege zu Eurem großen Selbst finden, wäret Ihr nur weniger müßig und pflastertet die Straßen!

Meine Matrosen und meine Freunde, es wäre weiser, weniger von Gott zu sprechen, den wir nicht verstehen können, und mehr von uns selbst, die wir vielleicht verstehen. Und dennoch wünsche ich, dass Ihr versteht, dass wir der Atem und der Duft Gottes sind. Wir sind Gott – im Blatt und in der Blüte und oftmals auch in der Frucht.«

Der Garten des Propheten

In meiner Jugend besuchte ich einst einen Heiligen in seinem stillen Wäldchen jenseits der Berge. Und während wir über das Wesen der Tugend sprachen, humpelte ein Straßenräuber müde über den Bergkamm. Als er das Wäldchen erreichte, kniete er vor dem Heiligen nieder und sagte: »Oh Heiliger, ich suche Trost! Denn meine Sünden wiegen schwer.«

Und der Heilige erwiderte: »Auch meine Sünden wiegen schwer.«

Und der Straßenräuber sagte: »Aber ich bin ein Dieb und ein Plünderer.«

Und der Heilige erwiderte: »Auch ich bin ein Dieb und ein Plünderer.«

Und der Straßenräuber sagte: »Aber ich bin ein Mörder und in meinen Ohren schreit das Blut vieler Männer.«

Und der Heilige erwiderte: »Auch ich bin ein Mörder und das Blut vieler Männer schreit in meinen Ohren.«

Und der Straßenräuber sagte: »Ich habe ungezählte Verbrechen begangen.«

Und der Heilige erwiderte: »Auch ich habe Verbrechen ohne Zahl begangen.«

Da erhob sich der Brigant und starrte den Heiligen an und in seinen Augen lag ein seltsamer Blick. Dann verließ er uns und stolperte den Hügel hinab.

Ich wandte mich zum Heiligen und sagte: »Warum hast du dich unbegangener Verbrechen beschuldigt? Siehst du diesen Mann jetzt nicht davongehen, ohne noch an dich zu glauben?«

Und der Heilige antwortete: »Es ist wahr, dass er nicht länger an mich glaubt. Aber er zog getröstet davon.«

Und in diesem Augenblick hörten wir den Straßenräuber in der Ferne singen und das Echo seines Liedes erfüllte das Tal mit Freude.

DER VORBOTE

Es sagte einst der Wetterhahn zum Wind: »Wie langweilig und wie eintönig du bist! Kannst du nicht irgendwo anders hin blasen als in mein Gesicht? Du störst meine gottgegebene Beständigkeit.«

Doch der Wind gab keine Antwort. Er lachte nur in die unendliche Weite des Raums.

DER VORBOTE

Ein Fisch sagte zu einem anderen Fisch: »Über diesem Meer befindet sich ein weiteres Meer, in dem Geschöpfe schwimmen – und sie leben dort oben, so wie wir hier unten leben.«

Und der andere Fisch erwiderte: »Reine Fantasie! Reine Fantasie! Wenn man weiß, dass alles, was unser Meer nur einen Zoll weit verlässt und nicht zurückkehrt, stirbt. Welchen Beweis hast du für anderes Leben in anderen Meeren?«

DER VORBOTE

# VOM STERBEN

Ihr werdet das Geheimnis des Todes erkennen. Aber wie wollt ihr es finden, wenn ihr es nicht sucht im Herzen des Lebens?

Die Eule, die nur bei Nacht sieht und deren Augen am Tage blind sind, kann das Mysterium des Lichts nicht enthüllen. Wenn ihr den Geist des Todes tatsächlich schauen wollt, dann öffnet euer Herz dem Körper des Lebens ganz. Denn Leben und Tod sind eins, genau wie der Fluss und das Meer eins sind.

In der Tiefe eurer Hoffnungen und Wünsche liegt euer stilles Wissen vom Jenseits; und wie die Saat, die unter dem Schnee träumt, so träumt vom Frühling auch euer Herz. Vertraut den Träumen, denn in ihnen liegt das Tor zur Unendlichkeit verborgen.

Eure Angst vor dem Tod gleicht nur dem Zittern des Schäfers, wenn er vor dem König steht, der ihm die Hand auflegen soll, um ihn zu ehren. Freut sich der Schäfer zitternd nicht trotzdem, dass er das Zeichen des Königs tragen soll? Und ist ihm nicht trotzdem sein Zittern bewusster? Denn was heißt Sterben anderes, als nackt im Wind zu stehen und mit der Sonne zu verschmelzen? Und was heißt aufhören zu atmen anderes, als den Atem von seinem ruhelosen Wogen zu befreien, damit er emporsteigen und sich erweitern und unbelastet Gott suchen kann?

Nur wenn ihr vom Fluss der Stille trinkt, werdet ihr tatsächlich singen. Und wenn ihr die Spitze des Berges erreicht habt, dann erst werdet ihr anfangen zu klettern. Und wenn die Erde nach euren Gliedern verlangt, dann erst werdet ihr wahrhaft tanzen.

Der Prophet

Ich sagte zu meinem Freund: »Du siehst dort eine Frau, wie sie am Arm des Mannes lehnt. Es war erst gestern, da lehnte sie so noch an meinem.«

Und mein Freund sagte: »Und morgen wird sie an meinem Arm lehnen.«

Ich sagte: »Schau, wie sie eng an seiner Seite sitzt. Es war erst gestern, da saß sie noch eng neben mir.«

Und er antwortete: »Und morgen sitzt sie neben mir.«

Ich sagte: »Siehst du, sie trinkt Wein aus seinem Becher, noch gestern trank sie aus meinem.«

Und er sagte: »Morgen aus meinem.«

Dann sagte ich: »Sieh, wie sie ihn anschaut – voller Liebe und mit ergebenem Blick. So schaute sie gestern noch mich an.«

Und mein Freund sagte: »Ich werde es sein, den sie morgen so anschaut.«

Ich sagte: »Hörst du denn nicht, wie sie jetzt Lieder der Liebe in sein Ohr summt? Eben diese Lieder der Liebe summte sie noch gestern in mein Ohr.«

Und mein Freund sagte: »Und morgen wird sie dieselben in mein Ohr summen.«

Ich sagte: »Aber schau, sie umarmt ihn. Es war erst gestern, dass sie mich umarmte.«

Und mein Freund sagte: »Morgen wird sie mich umarmen.«

Dann sagte ich: »Was für eine sonderbare Frau.«

Er aber erwiderte: »Sie ist wie das Leben, von allen Menschen besessen. Und sie erobert alle Menschen wie der Tod. Und sie umfasst alle Menschen, wie es die Ewigkeit tut.«

Der Wanderer

Eines Abends traf ein Dichter einen Bauern. Der Dichter war abweisend und der Bauer schüchtern, dennoch unterhielten sie sich.

Und der Bauer sagte: »Ich möchte dir eine kleine Geschichte erzählen, die ich neulich gehört habe: Eine Maus geriet in eine Falle, und während sie glücklich den Käse aß, der darin lag, stand neben ihr eine Katze. Die Maus zitterte eine Weile, wusste aber, dass sie in der Falle sicher war.

Da sagte die Katze: ›Du isst dein letztes Mahl, mein Freund.‹

›Ja‹, antwortete die Maus, ›ich habe ja auch nur ein Leben und nur einen Tod. Doch was ist mit dir? Ich habe gehört, du hättest neun Leben. Heißt das nicht, dass du auch neun Mal sterben musst?‹«

Und der Bauer sah den Dichter an und sagte: »Ist das nicht eine seltsame Geschichte?«

Aber der Dichter antwortete nicht, sondern ging fort und dachte bei sich: »Natürlich haben wir neun Leben, wir haben ganz sicher neun Leben. Und wir werden neun Mal sterben, neun Mal werden wir sterben. Vielleicht wäre es besser, nur ein Leben zu haben und in einer Falle gefangen zu sein – das Leben eines Bauern mit ein bisschen Käse für sein letztes Mahl. Aber sind wir denn nicht mit den Löwen der Wüste und des Dschungels verwandt?«

DER WANDERER

Vor tausend Jahren trafen sich in einer Senke im Libanon zwei Philosophen, und der eine sagte zum anderen: »Wohin gehst du?«

Und der andere antwortete: »Ich suche die Quelle der Jugend, von der ich weiß, dass sie in diesen Hügeln entspringt. Ich habe Schriften gefunden, die von dieser Quelle erzählen, die der Sonne entgegenblüht. Und du, wonach suchst du?«

Der erste Mann antwortete: »Ich suche nach dem Geheimnis des Todes.«

Da begriff jeder für sich, dass die große Wissenschaft des jeweils anderen unzureichend war, und sie begannen, miteinander zu streiten und sich gegenseitig geistige Verblendung vorzuwerfen.

Doch während die beiden Philosophen ihre Worte in den Wind schleuderten, kam ein Fremder vorbei, ein Mann, der in seinem Dorf für einen Simpel galt, und als er hörte, wie die zwei sich heftig stritten, blieb er eine Weile stehen und lauschte ihrem Wortgefecht.

Dann trat er auf sie zu und sagte: »Ihr redlichen Streiter, mir scheint, als würdet ihr beide eigentlich der gleichen philosophischen Schule angehören und von der gleichen Sache sprechen, nur dass ihr in anderen Worten sprecht. Einer von euch sucht die Quelle der Jugend und der andere das

Geheimnis des Todes. Beide aber sind im Grunde eins, und als eines leben sie in euch beiden.«

Dann wandte sich der Fremde ab und sagte: »Lebt wohl, ihr Weisen.« Und während er sich entfernte, lachte er ein geduldiges Lachen.

Die beiden Philosophen sahen sich einen Moment lang schweigend an, dann lachten auch sie. Und einer von ihnen sagte: »Also gut. Warum gehen wir nicht los und suchen gemeinsam?«

Der Wanderer

Mein Haus sagt zu mir: »Verlass mich nicht, denn hier lebt deine Vergangenheit.« Und die Straße sagt zu mir: »Komm und folge mir, denn ich bin deine Zukunft.« Und ich sage zu meinem Haus und zur Straße: »Ich habe keine Vergangenheit und ich habe auch keine Zukunft. Wenn ich bleibe, liegt in meinem Bleiben ein Gehen. Und wenn ich gehe, liegt in meinem Gehen ein Bleiben. Nur die Liebe und der Tod verändern alles.«

*

Ich sagte zum Leben: »Ich möchte den Tod sprechen hören.« Und das Leben hob die Stimme leicht und sagte: »Du hörst ihn jetzt.«

*

Wenn du alle Geheimisse des Lebens gelüftet hast, sehnst du dich nach dem Tod, denn er ist ein weiteres Geheimnis des Lebens.

*

Geburt und Tod sind der erhabenste Ausdruck von Tapferkeit.

SAND UND SCHAUM

# VON DER SCHÖNHEIT

Wo sollt ihr Schönheit suchen und wie sollt ihr sie finden, wenn sie nicht selbst euer Weg ist und euch leitet? Und wie sollt ihr von ihr sprechen, wenn sie nicht selbst die Fäden eurer Rede spinnt?

Die Betrübten und Verletzten sagen: »Schönheit ist freundlich und sanft. Wie eine junge Mutter, sich ihrer eigenen Herrlichkeit nur vage bewusst, schreitet sie zwischen uns hin.«

Und die Leidenschaftlichen sagen: »Nein, Schönheit ist machtvoll und fürchterlich. Sie erschüttert die Erde unter uns und den Himmel über uns wie ein Sturm.«

Und die Müden und Erschöpften sagen: »Schönheit ist ein sanftes Flüstern. Sie spricht in unserem Geist. Ihre Stimme nähert sich unserem Schweigen wie ein schwaches Licht, zitternd aus Angst vor dem Schatten.«

Und die Ruhelosen sagen: »Wir haben sie schreien hören in den Bergen, und mit ihren

Schreien kam das Donnern der Hufe und das Schlagen der Flügel und das Gebrüll der Löwen.«

Die Wächter der Stadt sagen abends: »Mit der Dämmerung von Osten her soll die Schönheit erwachen.«

Und mittags sagen die Arbeiter und die Wanderer: »Wir sahen, wie sie sich aus den Fenstern der Abenddämmerung über die Erde lehnte.«

Im Winter sagen die Eingeschneiten: »Mit dem Frühling wird sie kommen und über die Hügel springen.«

Und in der Hitze des Sommers sagen die Schnitter: »Wir sahen sie mit den Herbstblättern tanzen und wir sahen Schneestaub in ihrem Haar.«

All dies habt ihr von der Schönheit gesagt. Doch in Wahrheit war nicht die Rede von ihr, sondern von unbefriedigten Bedürfnissen, und Schönheit ist kein Bedürfnis, sie ist Ekstase. Sie ist kein dürstender Mund und keine ausgestreckte leere Hand, sondern ein entflammtes Herz und eine verzauberte Seele. Sie ist kein Bild, das ihr seht, und kein Lied, das ihr hört, sondern ein Bild, das ihr selbst mit geschlossenen Augen noch seht, und ein Lied, das ihr selbst mit verschlossenen Ohren noch hört. Sie ist nicht der Saft in der gefurchten Rinde und nicht die Schwinge an einer

Klaue, sondern ein Garten in ewiger Blüte und ein Schwarm von Engeln in ewigem Flug.

Menschen von Orphalese, Schönheit ist Leben, wenn das Leben sein heiliges Antlitz enthüllt. Aber das Leben seid ihr und ihr seid der Schleier. Schönheit ist Ewigkeit, die sich im Spiegel betrachtet. Aber die Ewigkeit seid ihr und ihr seid der Spiegel.

DER PROPHET

Ich habe ein Gesicht mit tausend Mienen gesehen und ein Gesicht, das nur eine einzige Miene war, als würde es in einer Gussform gehalten.

Ich habe ein Gesicht gesehen, durch dessen prunkvollen Glanz ich die Hässlichkeit erkannte, und ein Gesicht, dessen Glanz ich lüften musste, um zu sehen, wie schön es war.

Ich habe ein altes Gesicht gesehen, tief gezeichnet von nichts, und ein glattes Gesicht, in das sich alles eingeprägt hatte.

Ich verstehe Gesichter, weil ich durch den Stoff hindurchsehe, den meine eigenen Augen weben, und ich die Wirklichkeit darunter erkenne.

DER NARR

Eines Tages trafen sich die Schönheit und die Hässlichkeit am Ufer des Meeres. Und sie sagten zueinander: »Lass uns baden gehen im Meer.«

So legten sie die Kleider ab und gingen in den Wassern schwimmen. Und nach einer Weile kam die Hässlichkeit ans Ufer zurück, kleidete sich in die Gewänder der Schönheit und ging davon.

Dann kam auch die Schönheit aus dem Wasser zurück und fand ihre Kleider nicht mehr, und weil sie zu schüchtern war, um nackt zu gehen, legte sie das Gewand der Hässlichkeit an. Und die Schönheit ging ihrer Wege.

Und bis zum heutigen Tag halten Männer und Frauen die eine für die andere.

Einige aber haben das Antlitz der Schönheit gesehen, und sie erkennen sie trotz der falschen Kleider. Und es gibt andere, die um das Antlitz der Hässlichkeit wissen, und das falsche Tuch kann sie vor ihren Augen nicht verbergen.

Der Wanderer

Wenn du das Herz des Lebens erreichst, wirst du in allen Dingen Schönheit finden, sogar in den Augen, die für Schönheit blind sind.

*

Wir leben nur, um Schönheit zu finden. Alles andere ist eine Form des Wartens.

*

Jenseits der Schönheit gibt es weder Religion noch Wissenschaft.

*

Es gibt überhaupt nur zwei Dinge, Schönheit und Wahrheit. Schönheit in den Herzen derer, die sich lieben. Wahrheit in den Armen derer, die das Erdreich wenden.

*

Große Schönheit ergreift mich. Aber noch größerer Schönheit befreit mich – sogar von sich selbst.

*

Schönheit erstrahlt in den Herzen derer, die sich danach sehnen, heller als in den Augen derer, die sie sehen.

Sand und Schaum

# VON KUNST UND DICHTUNG

Denn der Gedanke ist ein Vogel des Alls, der in einem Käfig aus Worten zwar seine Flügel entfalten, aber nicht fliegen kann.

DER PROPHET

Ein Dichter schrieb einst ein Liebes-Lied, und es war ein schönes. Und er machte zahlreiche Abschriften und schickte sie an seine Freunde und Bekannten, Männer wie Frauen, und auch an eine junge Frau, die er nur einmal getroffen hatte und die jenseits der Berge lebte.

Ein oder zwei Tage später kam ein Bote von der jungen Frau und brachte einen Brief. Und sie schrieb in diesem Brief: »Ich darf Euch versichern, dass mich das Liebes-Lied tief berührt hat, das Ihr für mich geschrieben habt. Kommt rasch und trefft meinen Vater und meine Mutter, dann bereiten wir die Verlobung vor.«

Und der Dichter beantwortete den Brief und

schrieb ihr: »Meine Freundin, es war nichts als ein Lied der Liebe, wie es Dichterherzen entspringt, gesungen von jedem Mann für alle Frauen.«

Und sie schrieb zurück und sagte: »Heuchler und Lügner der Worte! Vom heutigen Tag an bis zum Tag meines Todes werde ich um Euretwillen alle Dichter hassen.«

Der Wanderer

Und wenn die Sänger und Tänzer und Flötenspieler kommen – dann kauft auch von ihren Gaben. Denn auch sie sind Sammler von Früchten und Weihrauch, und was sie bringen, wenn auch aus Träumen gewoben, ist Kleid und Nahrung für eure Seele.

Der Prophet

An den Hof des Fürsten von Birkasha kam einst eine Tänzerin, begleitet von ihren Musikern. Sie erhielt Zugang zum Hof, und so tanzte sie vor dem Fürsten zur Musik der Laute, der Flöte und der Zither. Sie tanzte den Tanz der Flammen und den Tanz der Schwerter und Speere. Sie tanzte den Tanz der Sterne und den Tanz des Alls. Und sie tanzte den Tanz der Blumen im Wind.

Danach stand sie vor dem Thron des Fürsten und verbeugte sich vor ihm. Da bat der Fürst sie, näher zu treten, und sagte zu ihr: »Schöne Frau, Tochter der Anmut und der Freude, woher stammt deine Kunst? Und wie kommt es, dass du in deinen Bewegungen und Liedern allen Kräften der Natur befiehlst?«

Da verbeugte sich die Tänzerin noch einmal vor dem Fürsten und antwortete: »Hoher Herr und gütiger Herrscher, ich kenne die Antwort auf Eure Fragen nicht. Ich weiß nur dies: Die Seele des Denkers sitzt in seinem Kopf, die Seele des Dichters lebt in seinem Herzen, die Seele des Sängers weilt in seiner Kehle, die Seele der Tänzerin aber wohnt in ihrem ganzen Körper.«

Der Wanderer

In den Bergen lebte einmal ein Mann, der eine Statue besaß, die ein alter Meister gearbeitet hatte. Sie lag vor seiner Tür mit dem Gesicht nach unten, und er schenkte ihr keinerlei Aufmerksamkeit.

Eines Tages kam ein Mann aus der Stadt an seinem Haus vorüber, ein Mann von Bildung, und als er die Statue sah, fragte er den Besitzer, ob er sie verkaufen würde.

Der Besitzer lachte und sagte: »Aber bitte, wer

will dieses öde, dreckige Stück Stein schon kaufen?«

Und der Mann aus der Stadt sagte: »Ich gebe dir diesen Silbertaler dafür.«

Und der andere Mann war erstaunt und hocherfreut.

Die Statue wurde auf dem Rücken eines Elefanten in die Stadt getragen. Und viele Monde später besuchte der Mann aus den Bergen die Stadt, und als er durch die Straßen ging, sah er vor einer Werkstatt eine Menschenmenge stehen, und ein Mann rief mit lauter Stimme: »Kommt herein und schaut euch diese Statue an, die schönste, die wunderbarste Statue auf der ganzen Welt. Zwei Silbertaler, und ihr könnt dieses fabelhafte Meisterwerk betrachten.«

Da bezahlte der Mann aus den Bergen zwei Silbertaler und ging in die Werkstatt, um die Statue zu betrachten, die er selbst für einen Silbertaler verkauft hatte.

DER WANDERER

Eines Tages traf ein armer Poet an einer Straßenkreuzung einen reichen Dummkopf, und sie unterhielten sich. Doch alles, was sie sagten, enthüllte nichts als ihre Unzufriedenheit.

Da kam der Engel der Straße an ihnen vorüber und legte den beiden Männern die Hände auf die Schultern. Und siehe da, ein Wunder: Jetzt hatten die zwei Männer ihr Hab und Gut getauscht.

Und so gingen sie auseinander. Wie sonderbar aber: Der Poet sah nach und fand in seiner Tasche nichts als trockenen, rieselnden Sand. Und der Dummkopf schloss die Augen und fühlte nichts als ziehende Wolken in seinem Herzen.

Der Wanderer

Vor vielen Hundert Jahren trafen sich auf einer Straße nach Athen zwei Dichter, und sie freuten sich sehr, dass sie sich sahen.

Und der eine Dichter fragte den anderen: »Was hast du in letzter Zeit gedichtet, und wie steht es mit deiner Leier?«

Und der andere Dichter antwortete und sagte stolz: »Ich habe soeben das größte meiner Gedichte vollendet, vielleicht das größte Gedicht, das je in griechischer Sprache geschrieben wurde. Es ist eine Anrufung des höchsten Gottes Zeus.«

Dann zog er ein Pergament aus seinem Mantel hervor und sagte: »Sieh her, ich trage es bei mir und würde es dir gerne vorlesen. Komm, lass uns im Schatten dieser weißen Zypresse sitzen.«

Und der Dichter las sein Gedicht. Und es war ein langes Gedicht.

Da sagte der andere Dichter freundlich: »Das ist ein großes Gedicht. Es wird die Jahrhunderte überdauern, und es liegt dein künftiger Ruhm darin.«

Und der erste Dichter sagte ruhig: »Und was hast du in letzter Zeit geschrieben?«

Und der andere antwortete: »Ich habe nur wenig geschrieben. Acht Verse nur, in Erinnerung an ein Kind, das in einem Garten spielt.« Und er trug die Verse vor. Und der erste Dichter sagte: »Gar nicht so schlecht, nicht so schlecht.«

Und so gingen sie auseinander.

Heute aber, nach zweitausend Jahren, werden die acht Verse des einen Dichters in allen Sprachen gelesen, und sie werden zärtlich geliebt.

Und obwohl das Gedicht des anderen Dichters in Bibliotheken und Gelehrtenstuben die Jahrhunderte tatsächlich überdauert und man es nicht vergessen hat, wird es weder geliebt noch gelesen.

Der Wanderer

Bäume sind Gedichte, die die Erde in den Himmel schreibt. Wir fällen sie und verwandeln sie in Papier, um darauf unsere Leere festzuhalten.

*

Wenn du wirklich schreiben willst (und nur die Heiligen wissen, warum du es solltest), brauchst du unter allen Umständen drei Dinge: Wissen, Kunst und Magie – das Wissen um die Musik der Worte, die Kunst des kunstlosen Ausdrucks und die Magie der Liebe zu deinen Lesern.

*

Sie tauchen ihre Federn in unsere Herzen und glauben, sie seien beflügelt.

*

Würde ein Baum seine Autobiografie schreiben, sie wäre der Geschichte eines Volkes nicht unähnlich.

*

Müsste ich wählen zwischen dem Vermögen, ein Gedicht zu schreiben, und dem Rausch eines ungeschriebenen Gedichtes, ich würde den Rausch wählen. Er ist die bessere Poesie. Doch du und alle meine Nachbarn sind sich einig, dass ich stets die schlechtere Wahl treffe.

*

Poesie ist nicht der Ausdruck einer Ansicht. Sie ist Gesang, der von einer blutenden Wunde emporsteigt zu einem lächelnden Mund.

*

Worte sind zeitlos. Du solltest sie äußern oder niederschreiben mit dem Wissen um ihre Zeitlosigkeit.

*

Ein Dichter ist ein gestürzter König, der in den Trümmern seines Palastes hockt und versucht, aus diesen Trümmern ein Bild zu formen.

*

Poesie ist ein Geschäft aus Freude, Schmerz und Staunen, gewürzt mit einer Prise Wörterbuch.

*

Umsonst wird ein Dichter nach der Mutter der Lieder seines Herzens suchen.

*

Einmal sagte ich zu einem Dichter: »Wir werden deinen Wert nicht erkennen, ehe du stirbst.« Und er erwiderte: »Ja, der Tod ist stets der Offenbarer. Und wenn du meinen Wert tatsächlich erkennst, dann weil ich mehr in meinem Herzen als auf meiner Zunge trage, mehr in meiner Sehnsucht als in meiner Hand.«

*

Wenn du von der Schönheit singst, auch wenn du allein bist inmitten der Wüste, wirst du ein Publikum haben.

*

Poesie ist Weisheit, die das Herz entzückt.

Weisheit ist Poesie, die den Geist mit Liedern erfüllt.

Könnten wir das Herz des Menschen entzücken und seinen Geist zugleich mit Liedern erfüllen,

Dann lebte er wahrhaft in Gottes Schatten.

*

Die Eingebung wird immer nur singen, niemals erklären.

*

Oft singen wir Schlaflieder für unsre Kinder, damit wir selbst schlafen können.

*

All unsere Worte sind nur Krümel, die vom Gelage unseres Geistes herabfallen.

*

Das Denken ist stets der Stolperstein der Poesie.

*

Ein großer Sänger ist jener, der unser Schweigen singt.

*

Wie kannst du singen mit vollem Mund?

Wie willst du die Hand zum Segen erheben, die mit Gold gefüllt ist?

*

Man sagt, die Nachtigall würde sich mit einem Dorn die Brust durchstechen, wenn sie ein Liebeslied singt.

So tun wir es alle. Wie sollten wir denn anders singen?

*

Genialität ist nur der Gesang eines Rotkehlchens zu Beginn eines schleichenden Frühlings.

*

Zwischen dem Gelehrten und dem Dichter liegt eine grüne Wiese. Sollte der Gelehrte sie überqueren, wird er ein weiser Mann. Sollte der Dichter sie überqueren, wird er ein Prophet.

*

Ich sehne mich nach der Ewigkeit, denn ich werde dort meinen ungeschriebenen Gedichten und meinen ungemalten Bildern begegnen.

*

Kunst ein Schritt von der Natur zur Ewigkeit.

*

Ein Kunstwerk ist ein Dunst, der in ein Bild gemeißelt wurde.

*

Selbst Hände, die Dornenkronen machen, sind besser als müßige Hände.

SAND UND SCHAUM

Und wenn ich in Kairo gewesen wäre und es dir einfach gesagt hätte, leicht distanziert und ohne eine Spur von Eigennutz, hätte es zwischen uns kein Missverständnis gegeben. Aber ich war nicht in Kairo zu der Zeit und es gab keine andere Möglichkeit, mit dir zu kommunizieren, als per Brief – und Briefe über Themen wie diese zu schreiben, verkompliziert für gewöhnlich die einfachsten Dinge und wirft einen schweren Schleier der Förmlichkeit über die elementarsten Angelegenheiten. Denn wie oft verwenden wir, wenn wir einen simplen Gedanken ausdrücken wollen, irgendwelche Worte, die uns gerade einfallen, Worte, wie unsere Stifte sie fast schon aus Gewohnheit zu Papier bringen … und das Ergebnis ist üblicherweise ein »Prosagedicht« oder ein »Gedankenessay«. Grund dafür ist, dass wir in einer Sprache denken und fühlen, die ehrlicher und ernsthafter ist als die Sprache, in der wir schreiben. Natürlich mögen wir Gedichte, ob in Prosa oder Versen, und wir mögen Essays, gedankliche oder besinnliche. Doch eine Sache ist die freie, unsterbliche Leidenschaft – und etwas völlig anderes sind Briefe. Seit meiner Schulzeit schon versuche ich Plattitüden so gut wie möglich zu vermeiden, weil ich glaubte – und immer noch glaube –, dass sie Gedanken und Gefühle stärker verdunkeln als sie sie jemals offenbaren. Mir scheint aber jetzt, dass ich mich dem, was ich verabscheue, nie gänzlich zu entziehen vermochte – mir scheint, als befände ich mich nach den letzten anderthalb Jahren immer noch dort, wo ich mit fünfzehn schon war. Und der Beweis dafür liegt in dem Missverständnis, das wahrscheinlich nur aus meinen Briefen entstand.

Brief an May Ziadah

Im Augenblick kann ich nicht länger als drei oder vier Stunden am Tag arbeiten. Danach brauche ich Ruhe und Raum und Stille. Es gibt Zeiten, da kann ich gar nicht arbeiten. Zu *beschäftigt*, um zu arbeiten. Es gibt eine Art des Denkens oder vielmehr des *Seins*, die es einem nicht erlaubt, irgendeine körperliche Arbeit zu verrichten.

Ein Band mit meinen frühesten Prosa-Gedichten erscheint in drei oder vier Wochen. Ich habe heute Morgen einige Korrekturfahnen durchgesehen. Ich hasse Korrekturfahnen. Gibt es etwas Ermüdenderes als die sorgfältige Prüfung der Arbeit eines deiner toten Selbsts? Es ist immer gut, ein Gräber neuer Grabstätten zu sein, aber niemals ein Inspektor der alten!

Brief an Mary Haskell

Ich habe die letzten drei Wochen nur geschlafen. Ich habe an tausend Dinge gedacht, die ich in diesem Jahr erledigen muss. Ich fürchte, dass ich niemals in der Lage sein werde, alle meine Träume zu realisieren, Mary. Ich bleibe immer hinter ihnen zurück, bekomme stets nur einen Schatten des Schattens dessen, was ich will.

Früher hat es mir Freude gemacht, die Leute meine Arbeit loben zu hören – jetzt macht Lob mich seltsam traurig, denn Lob erinnert mich an Dinge, die noch nicht getan sind – und irgendwie möchte ich für das, was ich noch nicht getan habe, geliebt werden. Ich weiß, das klingt etwas kindisch, aber wie soll man verhindern, das zu wollen, was man will? Gestern Abend habe ich mir gesagt: »Das körperliche Empfinden einer Pflanze im Winter ist nicht auf den vergangenen Sommer, sondern auf den kommenden Frühling gerichtet. Die körperliche Erinnerung einer Pflanze bezieht sich nicht auf Tage, die nicht mehr sind, sondern auf Tage, die sein werden. Wenn aber Pflanzen des kommenden Frühlings, durch den sie aus sich herauswachsen, gewiss sind, warum kann dann nicht auch ich, eine menschliche Pflanze, eines kommenden Frühlings gewiss sein, eines Frühlings, in dem ich fähig sein werde, mich selbst zu erfüllen?«

Vielleicht ist unser Frühling nicht in diesem Leben, Mary. Vielleicht ist dieses Leben nur ein Winter.

Brief an Mary Haskell

Er war ein Dichter. Er sah für unsere Augen und hörte für unsere Ohren und auf seinen Lippen lagen unsere lautlosen Worte und seine Finger berührten, was wir nicht fühlen konnten.

Aus seinem Herzen flogen unzählige Singvögel nach Norden und Süden und die kleinen Blumen auf den Wiesen am Hang begleiteten seine Schritte gen Himmel.

Ich habe oft gesehen, wie er sich niederbeugte, um das Gras zu berühren. Und in meinem Herzen hörte ich ihn sagen: »Kleine grüne Halme, ihr werdet mit mir in mein Königreich einziehen, genau wie die Eichen von Besan und die Zedern des Libanon.«

Er liebte alles, was lieblich war, die schüchternen Gesichter der Kinder, Myrrhe und Weihrauch aus dem Süden.

Er liebte den Granatapfel und den Kelch mit Wein, den man ihm aus Barmherzigkeit gab. Und es war ohne Bedeutung, ob ein Fremder in einem Gasthof oder ein reicher Wirt ihn darbot.

Und er liebte die Mandelblüten. Ich habe gesehen, wie er sie in seine Hände sammelte und mit den Blütenblättern sein Gesicht bedeckte, als würde er mit seiner Liebe alle Bäume dieser Welt umarmen.

Er kannte das Meer und den Himmel. Und er

sprach von Perlen mit einem Licht, das nicht von diesem Licht ist, und er sprach von Sternen, die jenseits unserer Nacht sind.

Er kannte die Berge, wie Adler sie kennen, und er kannte die Täler, wie nur Bäche und Flüsse sie kennen. Und in seinem Schweigen lag eine Wüste und in seiner Rede ein Garten.

Ja, er war ein Dichter, dessen Herz in einer Laube jenseits der Bergketten wohnte, und er sang seine Lieder, obgleich für unsere Ohren gedacht, auch für andere Ohren, für Menschen in einem anderen Land, wo das Leben ewig jung und die Zeit für immer ein Erwachen ist.

Auch ich habe einmal gedacht, ich sei ein Dichter, doch als ich in Bethanien vor ihm stand, wusste ich, was es bedeutet, nur ein Instrument mit einer Saite vor jemandem in Händen zu halten, der alle Instrumente beherrscht. Denn in seiner Stimme lagen das Lachen des Donners, die Tränen des Regens und das freudige Tanzen der Bäume im Wind.

Und seit ich weiß, dass meine Leier nur eine Saite hat und meine Stimme weder die Erinnerungen von gestern noch die Hoffnungen von morgen spinnt, habe ich meine Leier zur Seite gelegt und werde Schweigen bewahren. Aber in der Dämmerung werde ich für immer horchen und dem Dichter lauschen, welcher der König aller Dichter ist.

JESUS, MENSCHENSOHN

Sprach die Schlange zu der Lerche: »Ja, du fliegst, aber die geheimen Tiefen dieser Erde, wo in vollkommener Stille der Saft des Lebens fließt, bleiben dir verborgen.«

Und die Lerche erwiderte: »Gewiss, du weißt von vielen Dingen, nein, weiser noch bist du als alles Weise – ein Jammer nur, dass du nicht fliegen kannst.«

Und als wenn sie es nicht gehört hätte, sprach die Schlange: »Du kannst die Geheimnisse der Tiefe nicht erkennen und auch dich nicht bewegen zwischen den Schätzen des verborgenen Reiches. Gestern erst lag ich in einer Höhle aus Rubin. Das ist wie im Herzen eines reifen Granatapfels und der allerschwächste Lichtstrahl noch verwandelt sich in eine Rose aus Flammen. Wer außer mir erblickt solche Wunder?«

Und die Lerche sprach: »Niemand, niemand außer dir kann zwischen den kristallenen Erinnerungen der Himmelskreise liegen – ein Jammer nur, dass du nicht singen kannst.«

Und die Schlange sprach: »Ich kenne eine

Pflanze, deren Wurzel bis in die Gedärme der Erde hinabreicht, und wer von dieser Wurzel kostet, wird reiner als Ashtarte.«

Und die Lerche sprach: »Niemand, niemand außer dir könnte den magischen Gedanken der Erde entschleiern – ein Jammer nur, dass du nicht fliegen kannst.«

Und die Schlange sprach: »Es gibt einen purpurnen Strom, der durch einen Berg fließt, und wer von seinem Wasser trinkt, wird unsterblich gleich den Göttern. Gewiss vermag kein Vogel oder Tier diesen purpurnen Strom zu entdecken.«

Und die Lerche antwortete: »Wenn du es wünschst, wirst du unsterblich gleich den Göttern – ein Jammer nur, dass du nicht singen kannst.«

Und die Schlange sprach: »Ich kenne einen versunkenen Tempel, den ich einmal im Monat besuche. Er wurde von einem vergessenen Volk von Riesen erbaut und in seine Mauern sind die Geheimnisse von Zeit und Raum gemeißelt. Und wer das liest, wird verstehen, was jenseits allen Verstehens liegt.«

Und die Lerche sprach: »Wahrhaftig, wenn es dich danach verlangt, umfängst du mit deinem geschmeidigen Körper alles Wissen von Zeit und

Raum – ein Jammer nur, dass du nicht fliegen kannst.«

Da wendete sich die Schlange angeekelt ab und verschwand in ihrem Loch und murrte: »Strohköpfiger Sänger!«

Und die Lerche flog fort und sang: »Ein Jammer nur, dass du nicht singen kannst. Ein Jammer nur, ein Jammer, weiser Freund, dass du nicht fliegen kannst.«

## Der Vorbote

Einst grub ein Mann aus seinem Feld eine Mamorstatue von ungeheurer Schönheit. Und er brachte sie zu einem Sammler, der alle schönen Dinge liebte, und bot sie ihm zum Verkauf an und der Sammler kaufte sie zu einem hohen Preis. Dann gingen sie auseinander.

Und als der Mann mit seinem Geld nach Hause ging, dachte er nach und sagte zu sich selbst: »Wie viel Leben dieses Geld bedeutet! Wie kann man nur so viel Geld hergeben für einen toten, behauenen Stein, der seit tausend Jahren in der Erde vergraben liegt und keiner hat je an ihn gedacht?«

Und im selben Augenblick betrachtete der Sammler seine Statue, dachte nach und sagte zu sich selbst: »Welche Schönheit! Welches Leben! Der Traum was für einer Seele! – Und nach einem Schlaf von tausend Jahren so erfrischt. Wie kann man das alles nur hergeben für totes und traumloses Geld?«

DER VORBOTE

# VON DER WAHRHEIT

Eines Tages gegen Abend traf eine Hyäne am Ufer des Nils ein Krokodil. Sie blieben beide stehen und begrüßten sich.

Die Hyäne sprach zuerst und sagte: »Wie ist es Ihnen heute ergangen, Sir?«

Und das Krokodil antwortete und sagte: »Es ist mir schlecht ergangen. Manchmal weine ich in meinem Schmerz und meinem Kummer, und dann höre ich von den anderen stets: ›Das sind doch nur Krokodilstränen.‹ Und das verletzt mich mehr, als ich sagen kann.«

Da sagte die Hyäne: »Du sprichst von deinem Schmerz und deinem Kummer, aber denk für einen Moment auch mal an mich. Ich bestaune die Schönheit der Welt, ihre Wunder und ihre Geheimnisse, und vor lauter Freude muss ich lachen, so wie der Tag selbst auch. Und dann sagen die Leute im Dschungel: ›Das ist doch nur Hyänengelächter.‹«

Der Wanderer

In der Stadt Shawakis lebte ein Fürst, den alle liebten, Männer wie Frauen und Kinder. Sogar die Tiere auf dem Feld kamen zu ihm, um ihn zu grüßen.

Alle aber sagten, dass seine Frau, die Fürstin, ihn nicht liebte, ja, dass sie ihn sogar hasste.

Da besuchte eines Tages die Fürstin einer Nachbarstadt die Fürstin von Shawakis. Und sie saßen beieinander und sprachen und die Rede kam auf ihre Männer.

Und die Fürstin von Shawakis sagte in großer Erregung: »Ich beneide Euch um Euer Glück mit dem Fürsten, Eurem Ehemann, obwohl Ihr schon so lange Jahre mit ihm verheiratet seid. Ich hasse meinen Mann. Er gehört nicht mir allein, und ich bin weiß Gott eine sehr unglückliche Frau.«

Da sah die Fürstin aus der Nachbarstadt sie an und sagte: »Meine Freundin, die Wahrheit ist, dass Ihr Euren Ehemann liebt. Ja, und noch immer wohnt eine unerschöpfte Leidenschaft in Euch, und das erst macht eine Frau lebendig, wie der Frühling einen Garten. Bedauern aber solltet Ihr mich und meinen Mann, denn wir ertragen einander nur in stiller Geduld. Und doch haltet Ihr und halten andere dies für Glück.«

Der Wanderer

Es träumte ein Mann einen Traum, und als er erwachte, ging er zu seinem Wahrsager und bat ihn, ihm seinen Traum zu erklären. Und der Wahrsager sagte zu dem Mann: »Komm mit den Träumen zu mir, die du siehst, wenn du wach bist, und ich werde dir ihre Bedeutung verraten. Die Träume deines Schlafes aber gehen weder meine Weisheit noch deine Phantasie etwas an.«

DER WANDERER

Ein Philosoph ging eines Tages mit ausgetretenen Schuhen in die Werkstatt eines Schusters. Und der Philosoph sagte zum Schuster:

»Bitte flick mir meine Schuhe.«

Da erwiderte der Schuster: »Ich flicke gerade ein paar andere Schuhe und habe dort noch weitere liegen, bevor ich deine flicken kann. Aber lass deine Schuhe hier und trag heute dieses Paar, dann kannst du morgen deine wieder abholen.«

Das empörte den Philosophen, und er sagte: »Ich trage keine Schuhe, die nicht mir gehören.«

Da erwiderte der Schuster: »Du bist also wirklich ein Philosoph und kannst deine Füße nicht in Schuhe stecken, die einem anderen gehören? Es gibt in dieser Straße noch einen Schuster, der Philosophen besser versteht als ich. Lass dir von ihm die Schuhe flicken.«

Der Wanderer

Auf der Straße von Zaad traf ein Reisender einen Mann, der in einem nahen Dorf wohnte, und der Reisende zeigte mit der Hand auf ein riesiges Feld und fragte den Mann: »Ist das nicht das Schlachtfeld, auf dem König Ahlam seine Feinde besiegt hat?«

Und der Mann antwortete und sagte: »Das war nie ein Schlachtfeld. Auf diesem Feld stand einst die prachtvolle Stadt Zaad, doch sie wurde niedergebrannt und es blieb nichts als Asche. Jetzt aber ist es ein fruchtbares Feld, oder nicht?«

Und so trennten sich der Reisende und der Mann aus dem Dorf.

Keine halbe Meile weiter traf der Reisende einen anderen Mann und zeigte wieder auf das Feld und fragte: »Hier also stand einst die prachtvolle Stadt Zaad?«

Und der Mann sagte: »An diesem Ort stand nie eine Stadt. Aber es gab hier einst ein Kloster, es wurde von den Leuten des Südlands zerstört.«

Kurz darauf und noch immer auf eben dieser Straße von Zaad traf der Reisende einen dritten

Mann, zeigte noch einmal auf das riesige Feld und fragte: »Es stimmt doch, dass dies der Ort ist, auf dem einst ein großes Kloster stand?«

Doch der Mann antwortete: »Es gab nie ein Kloster in dieser Gegend, doch unsere Väter und Vorväter erzählten, dass einst ein riesiger Meteor auf dieses Feld fiel.«

Da ging der Reisende weiter und wunderte sich sehr. Dann traf er einen sehr alten Mann, begrüßte ihn und sagte: »Herr, mir sind auf dieser Straße drei Männer begegnet, die in dieser Gegend wohnen, und ich habe sie nach dem Feld gefragt, und jeder von ihnen leugnete, was der andere gesagt hatte, und jeder erzählte mir eine neue Geschichte, die die anderen nicht erzählt hatten.«

Da hob der alte Mann den Kopf und erwiderte: »Mein Freund, jeder Einzelne von diesen Männern hat dir erzählt, was tatsächlich geschah. Doch nur wenige von uns sind fähig, völlig verschiedene Tatsachen miteinander zu einer Wahrheit zu verbinden.«

DER WANDERER

In meiner Geburtsstadt lebten eine Frau und ihre Tochter, beide wandelten in ihrem Schlaf.

Eines Nachts, als Stille die Welt umhüllte, trafen

sich Mutter und Tochter, wandelnd, aber doch schlafend, in ihrem nebelverschleierten Garten.

Und die Mutter sprach und sagte: »Endlich, endlich, mein Feind! Du, durch den meine Jugend zerstört wurde, der du dein Leben errichtet hast auf den Trümmern des meinen! Ich wollte, ich könnte dich töten!«

Und die Tochter sprach und sagte: »Oh, du abscheuliche, alte, selbstsüchtige Frau! Die zwischen mir und meinem freieren Selbst steht! Die mein Leben zu einem Echo ihres eigenen, welken Lebens machen wollte! Ich wollte, du wärest tot!«

In diesem Augenblick krähte ein Hahn, und beide Frauen erwachten. Die Mutter sprach sanft: »Bist du es, mein Herz?« Und die Tochter antwortete sanft: »Ja, liebe Mutter.«

Der Narr

Ein Fuchs betrachtete bei Sonnenaufgang seinen Schatten und sagte: »Ich will heute Mittag ein Kamel verspeisen.« Und den ganzen Morgen lief er herum und suchte nach Kamelen. Doch am Mittag sah er noch einmal seinen Schatten – und sagte: »Eine Maus wird reichen.«

Der Narr

Einst herrschte in der fernen Stadt Wirani ein König, der zugleich mächtig und weise war. Er wurde gefürchtet ob seiner Macht und geliebt ob seiner Weisheit.

Nun gab es im Herzen jener Stadt einen Brunnen, dessen Wasser kühl und klar war wie Kristall, aus dem alle Bewohner tranken, auch der König und seine Höflinge, denn es gab keinen anderen Brunnen.

Eines Nachts, als alle schliefen, kam eine Hexe in die Stadt und goss sieben Tropfen seltsamer Flüssigkeit in den Brunnen und sagte: »Wer von dieser Stunde an von diesem Wasser trinkt, der soll verrückt werden.«

Am nächsten Morgen tranken alle Bewohner außer dem König und seinem Kämmerer aus dem Brunnen und wurden verrückt, genau wie die Hexe es vorausgesagt hatte.

Und den ganzen Tag über taten die Leute in den engen Gassen und auf den Marktplätzen nichts anderes, als einander zuzuflüstern: »Der König ist verrückt. Unser König und sein Kämmerer haben den Verstand verloren. Wir können auf keinen Fall von einem verrückten König regiert werden. Wir müssen ihn entthronen.«

Am selben Abend befahl der König, dass ein goldener Becher mit Wasser aus dem Brunnen gefüllt wird. Und als man ihm den Becher brachte, tat er einen tiefen Schluck und gab ihn auch seinem Kämmerer, um daraus zu trinken.

Und es war eine große Freude in der fernen Stadt Wirani, denn ihr König und sein Kämmerer hatten ihren Verstand zurück.

## Der Narr

Drei Tage nach meiner Geburt, als ich in meiner seidenen Wiege lag und mit großem Erstaunen die neue Welt um mich betrachtete, sprach meine Mutter mit der Säugamme und sagte: »Wie geht es meinem Kind?«

Und die Säugamme antwortete: »Es geht ihm gut, gnädige Frau, ich habe ihn dreimal gefüttert, und nie zuvor sah ich ein Baby, das so jung und doch so fröhlich ist.«

Und ich war empört, und ich rief: »Das ist nicht wahr, Mutter, denn mein Bett ist hart, und die Milch, die ich trank, schmeckte bitter, und ein übler Gestank steigt von der Brust in meine Nase, und es geht mir höchst erbärmlich.«

Doch weder meine Mutter noch die Amme verstanden, denn meine Sprache war die der Welt, aus der ich kam.

Und am einundzwanzigsten Tag meines Lebens, als ich getauft wurde, sagte der Priester zu meiner Mutter: »Ihr könnt Euch wahrhaft glücklich schätzen, gnädige Frau, dass Euer Sohn als Christ geboren wurde.«

Und ich war überrascht und sagte zu dem Priester: »Dann ist Eure himmlische Mutter im Unglück, denn Ihr wurdet nicht als Christ geboren.«

Doch auch der Priester verstand meine Sprache nicht.

Und sieben Monate später besah mich eines Tages ein Wahrsager, und er sagte zu meiner Mutter: »Dein Sohn wird ein bedeutender Staatsmann und ein großer Führer der Menschen.«

Ich aber rief: »Das ist eine falsche Prophezeiung. Denn ich werde Musiker, und nichts als ein Musiker werde ich sein.«

Doch selbst in diesem Alter wurde meine Sprache nicht verstanden – und mein Erstaunen war groß.

Und nach dreiunddreißig Jahren, in denen meine Mutter, die Amme und der Priester alle gestorben sind (möge Gott ihre Seelen beschützen), lebt der Wahrsager noch immer. Und gestern traf ich ihn nahe beim Tor des Tempels, und während wir so sprachen, sagte er: »Ich habe immer gewusst, dass aus dir ein großer Musiker werden würde. Noch als du ein Säugling warst, habe ich deine Zukunft geweissagt und prophezeit.«

Und ich glaubte ihm – denn inzwischen habe auch ich die Sprache jener anderen Welt vergessen.

Der Narr

Eines Tages sagte das Auge: »Jenseits dieser Täler sehe ich einen Berg von blauem Dunst umschleiert. Ist er nicht schön?«

Das Ohr lauschte, und als es eine Weile angestrengt gelauscht hatte, sagte es: »Aber wo ist dieser Berg? Ich kann ihn nicht hören.«

Dann sprach die Hand und sagte: »Vergeblich versuche ich, ihn zu fühlen oder zu berühren, aber ich kann keinen Berg entdecken.«

Und die Nase sagte: »Da ist kein Berg, ich kann ihn nicht riechen.«

Dann sah das Auge woanders hin, und alle zusammen sprachen sie über die seltsame Täuschung des Auges. Und sie sagten: »Irgendwas ist mit dem Auge nicht in Ordnung.«

Der Narr

Auf einem Baumstamm an einem Flussufer saßen vier Frösche. Plötzlich wurde der Stamm von der Strömung erfasst und trieb gemächlich den Fluss hinab. Die Frösche waren entzückt und gebannt, denn auf einer Bootstour waren sie noch nie gewesen.

Nach einer Weile sprach der erste Frosch und sagte: »Dies ist wirklich ein höchst wundervoller Baumstamm. Er bewegt sich, als würde er leben! Einen solchen Baumstamm hat es noch nie gegeben.«

Dann sprach der zweite Frosch und sagte: »Nein, mein Freund, der Stamm ist wie jeder andere Stamm und nicht er bewegt sich. Es ist der Fluss, der schreitend sich zum Meer begibt. Uns und den Stamm trägt er mit sich.«

Und dann sprach der dritte Frosch und sagte: »Es ist weder der Baumstamm noch der Fluss, der sich bewegt. Die Bewegung ist nur in unserem Denken. Denn ohne das Denken bewegt sich gar nichts.«

Und die drei Frösche begannen heftig darüber zu debattieren, was sich in Wahrheit bewegt. Der Streit wurde lauter und immer hitziger, aber sie konnten sich nicht einig werden.

Da wandten sie sich an den vierten Frosch, der bislang nur zugehört hatte, aber still geblieben war, und sie baten ihn um seine Meinung.

Und der vierte Frosch sagte: »Jeder von euch hat recht und keiner hat unrecht. Die Bewegung ist im Stamm, im Wasser und auch in unserem Denken.«

Da wurden die drei Frösche sehr böse, denn keiner von ihnen war bereit einzuräumen, dass seine Wahrheit nicht die ganze war und dass die beiden anderen nicht gänzlich unrecht hatten.

Und dann geschah das Seltsame. Die drei Frösche taten sich zusammen und stießen den vierten Frosch vom Baumstamm hinunter in den Fluss.

Der Vorbote

# EDITORISCHE NOTIZ

Exzerpte aus Gibrans Werken *Der Narr*, *Der Prophet* und *Der Wanderer* sind den Bänden entnommen, die zuerst 2006 (*Der Prophet*) und 2008 (*Der Wanderer*, *Der Narr*) bei Anaconda erschienen. Alle anderen Texte wurden für diese Ausgabe aus folgenden Bänden neu übersetzt:

Kahlil Gibran: *The Collected Works.* New York: Alfred A. Knopf 2007

*The Essential Gibran.* Oxford: Oneworld 2007

*Gibran's Little Book of Love.* Oxford: Oneworld 2007